TABLEAU ET CLASSEMENT

DES

MARINES MILITAIRES

(Extrait de la *Revue maritime et coloniale.*)

TABLEAU ET CLASSEMENT

DES

MARINES MILITAIRES

PAR

M. MARCHAL

SOUS-INGÉNIEUR DE LA MARINE

PARIS

BERGER-LEVRAULT ET Cie

Éditeurs de la Revue maritime et coloniale et de l'Annuaire de la Marine

5, RUE DES BEAUX-ARTS, 5

MÊME MAISON A NANCY

—

1878

TABLEAU ET CLASSEMENT

DES

MARINES MILITAIRES

INTRODUCTION.

RECHERCHE DE L'EXPRESSION DE LA PUISSANCE MILITAIRE D'UN NAVIRE

A une époque où les droits que peut revendiquer une nation sont ceux qu'on la suppose capable de faire prévaloir par les armes, il est intéressant de connaître aussi exactement que possible la valeur du matériel qu'elle peut mettre en ligne en temps de guerre. Déjà la *Revue maritime* a donné sur cette question un essai très-sommaire qui a montré que les flottes aujourd'hui en voie d'accroissement rapide, n'éclipsent pas encore les marines autrefois prépondérantes, comme on le répétait dans les recueils français et étrangers.

L'aperçu dont il s'agit était très-imparfait : c'était la première fois qu'on essayait d'établir une comparaison entre les forces navales des nations maritimes, et on ne s'est avancé qu'avec une extrême timidité. Pour abréger la recherche, on n'a étudié dans chaque marine que les bâtiments les plus puissants, les têtes de colonne, qu'on a considérés comme donnant dans leur ensemble une indication suffisante de la valeur de la flotte dont ils faisaient partie. Alors, s'appuyant sur une étude attentive des navires de combat les plus récents, réunissant sur chaque cuirassé les renseignements qui servent à le caractériser, on a acquis une impression assez nette des valeurs individuelles des bâtiments, pour qu'il fût possible de les classer : de là à leur affecter une cote qui permît d'additionner leur valeur, il n'y avait qu'un pas. En un mot, on a procédé comme l'examinateur qui donne une note au candidat qui vient de lui répondre, d'après l'impression qu'il a retirée de l'interrogation.

Puisque cette tentative, tout incomplète qu'elle était, a été admise, il convient de la reprendre de manière à la rendre concluante, sinon dans ses détails, ce qu'il serait naïf de prétendre, au moins dans ses résultats d'ensemble. Nous présentons aujourd'hui, avec des renseignements plus étendus que ceux qui ont encore paru, renseignements qui portent sur toutes les marines du globe, un classement général dans lequel figurent à peu près tous les bâtiments existants.

Mais on n'a pas opéré comme la première fois dans l'évaluation de la puissance militaire, pour plusieurs raisons. Une méthode qui était suffisante pour un petit nombre de bâtiments, tous blindés, tous construits depuis 1865 et, par conséquent, offrant des termes de comparaison qui auraient été plus difficiles à découvrir s'il avait fallu y rattacher les conceptions d'une époque antérieure, n'est plus applicable quand il s'agit de tous les bâtiments, cuirassés ou non cuirassés, qui composent ou composeront prochainement les forces navales des cinq parties du monde. Il faut ajouter, et c'est là peut-être le reproche le plus sérieux à adresser au travail primitif, que ce mode de classement devait, pour être acceptable, s'accorder avec les idées reçues, et par suite ne mettre en œuvre que les valeurs apparentes des éléments de la puissance navale. On a voulu cette fois pousser plus loin l'analyse, utiliser aussi complétement que possible le peu de renseignements qu'on possédait, et se rapprocher davantage de la réalité des choses. Enfin, le fait d'établir un classement que le lecteur n'est pas toujours à même de contrôler avait fait suspecter le premier travail de partialité, et un journal anglais [1] avait exprimé l'opinion qu'il fallait corriger les chiffres avancés de l'erreur nationale, de même qu'on corrige les calculs astronomiques de l'erreur personnelle.

Comme il ne s'agit pas ici d'un plaidoyer, mais d'un jugement qu'on désire rendre aussi équitable que possible, on a cherché cette

---

[1] *Broad Arrow* du 3 févr.er 1877, p. 131. *Revue maritime* de mars 1877 (Chronique p. 836).

fois à exprimer la valeur militaire d'un bâtiment — *fighting efficiency* — par une formule algébrique que chacun pourra apprécier et vérifier et qui fournira les résultats demandés par un simple calcul.

Il y avait un précédent : M. Barnaby proposa, en 1871, au *Committee of Designs* et aux membres de l'*United Service Institution*[1] l'expression suivante de l'efficacité des navires au combat :

$$\frac{A \times G \times H \times S^2}{L}$$

A. Poids de cuirasse pour un tonneau du navire (un tonneau de déplacement probablement).
G. Poids des canons abrités et des munitions.
H. Hauteur des seuillets de sabords au-dessus de la flottaison (quand il y a deux batteries, on prend la hauteur moyenne effective).
S. Vitesse en nœuds sur le mille mesuré.
L. Longueur du bâtiment.

Appliquant cette formule à quelques cuirassés d'escadre, M. Barnaby arrive à représenter leur *fighting efficiency* par les chiffres suivants :

Monarch 149,8
Hercules 113,4
Captain. 83,3
Vanguard. 83,0
Defence. 10,9

La supériorité du *Monarch* sur l'*Hercules* et surtout sur le *Captain* paraît exagérée, et il est difficile d'admettre que le *Vanguard* soit équivalent à environ huit bâtiments du type *Defence* qui a le même déplacement. En présence de ces résultats, nous avions été porté à penser que l'emploi d'une formule se prêtait malaisément à l'objet que nous avons en vue, et c'est pourquoi nous avions cru moins nous écarter de la vérité en adoptant le système des cotes.

Mais peut-être les singularités que nous avons signalées trouvent-elles leur explication dans la constitution même de la formule. Sans discuter le choix des éléments qui la composent, nous nous contenterons de faire remarquer que ces éléments y entrent sous forme de facteurs, de telle sorte que, si on applique le calcul à un croiseur non cuirassé, ou à un bélier sans artillerie, type de bâtiment qui a été proposé, on

---

[1] Voir aussi la *Revue* d'octobre 1872, p. 739.

trouve zéro pour expression de leur valeur [1]. On peut aussi trouver contestable qu'il suffise, pour doubler la valeur d'un bâtiment, de transporter ses canons de la batterie sur le gaillard, lorsque cette dernière hauteur de seuillet est double de l'autre.

Du reste, M. Barnaby reconnaît lui-même l'insuffisance de ce mode de représentation, qu'il n'avait proposée que comme une simple indication ; il écrivait le 7 octobre 1876 [2] : « La formule que j'ai donnée il y a quelques années à la Société *United Service Institution* est seulement applicable à des navires d'escadre ayant environ la même distance franchissable et la même disposition de cuirasse. J'ai été obligé de prendre des bases très-différentes quand j'ai voulu appliquer la formule à toutes les espèces de bâtiments, et les résultats ne sont que de très-grossières approximations. »

Quoi qu'il en soit, il se dégage de la formule en question l'application d'un principe important : les chiffres qui mesurent la valeur de l'artillerie et du blindage sont des fonctions des poids consacrés à ces éléments, ce qui veut dire qu'en général et dans l'incertitude relative où l'on est sur la meilleure manière de répartir les poids que peut porter le navire, on doit considérer la valeur des éléments de la puissance comme étant en relation plus ou moins explicite avec le poids que leur acquisition a coûté.

Tout récemment [3] une publication russe a tenté pour la flotte cuirassée turque, ce que M. Barnaby avait fait pour quelques navires anglais et a employé une formule analogue par sa contexture à l'expression anglaise, en ce sens qu'on y considère à peu près les mêmes

---

[1] Ce qui précède était écrit lorsque nous avons lu dans la *Revue maritime* de juin 1877 (Chronique, p. 789) une note du *Bulletin de la Réunion des officiers*, relative à l'évaluation de la puissance des navires de guerre : ces remarques judicieuses apportent à notre manière de voir une confirmation que nous considérons comme très-autorisée, malgré la réserve avec laquelle elles sont présentées. Voici le passage le plus saillant de cette note :
..... « Chacune des propriétés du navire, susceptible d'être mise en œuvre d'une manière indépendante, doit au moins faire l'objet d'un terme séparé, de sorte que le résultat final doit être une somme et non un produit unique ; autrement on arriverait à trouver une quantité absolument nulle pour expression de la valeur comme arme de guerre d'un bâtiment auquel manquerait quelqu'une des propriétés représentées dans la formule, à quelque degré que les autres puissent être développées, comme cela aurait lieu, par exemple, pour un bélier dépourvu d'artillerie, ou pour une batterie circulaire impropre à agir comme bélier. »

[2] « The formula I gave some years ago at the United Service Institution is only applicable to cruising ships having about the same coal endurance and similar disposition of armour. I have been obliged to make very different assumptions for application to all kinds of ships, and the results are only very rough approximations. » (Lettre inédite.)

[3] *Revue maritime* de mai 1876, p. 340.

éléments qui entrent aussi comme facteurs [1]. Il serait trop long de la discuter, qu'il suffise de dire qu'elle mérite, à un plus haut degré, les reproches que nous avons faits à la première, à cause du manque d'équilibre de ses différentes parties.

I.

Un navire n'a pas besoin, pour avoir une valeur, de posséder tous les éléments de puissance entrant dans la formule qui sert à le classer : c'est ainsi que les croiseurs ne sont généralement pas cuirassés, que les popofkas n'ont pas d'éperon et ne peuvent combattre par le choc ; on construit à l'heure actuelle un grand nombre de bateaux-torpilles sans canons ni blindage ; on se sert pour éclairer les escadres, pour porter des dépêches, d'avisos auxquels la puissance offensive n'est pas absolument indispensable ; les navires de commerce eux-mêmes peuvent prendre en temps de guerre, comme on l'a souvent fait ressortir, une valeur militaire dont l'élément le plus considérable, dû à leur vitesse, préexistait en eux en temps de paix ; enfin, on peut concevoir et on a même, croyons-nous, étudié en Angleterre [2] des forts flottants dépourvus de machines, qui devaient être remorqués et mouillés là où leur présence serait nécessaire ; on peut d'ailleurs imaginer qu'un bâtiment échoué à l'entrée d'une passe, c'est-à-dire privé de sa vitesse, puisse encore la défendre. Il ne faut donc pas que l'expression qui représente l'importance militaire d'un bâtiment s'annule lorsque disparaissent un ou plusieurs des éléments que nous venons d'énumérer [3].

Tous ces éléments sont réunis et combinés dans une enveloppe, sont portés par un véhicule qui est la coque du navire. La valeur de ce dernier dépend en partie de sa coque ; on ne peut attribuer de valeur à un bâtiment incapable de flotter, sur lequel un équipage ne pourrait vivre,

---

[1] Dans cette formule on fait figurer au numérateur les nombres qui représentent la puissance de l'artillerie et du blindage, la vitesse et la hauteur de batterie et au dénominateur la durée de l'évolution et l'étendue de la surface non blindée.

[2] En 1868. Voir Brialmont, *Fortification polygonale*.

[3] A première vue il ne semble pas cependant que ces éléments soient indépendants les uns des autres : le blindage paraît renforcer la puissance de l'artillerie ; c'est ainsi que M. Barnaby néglige de faire entrer dans sa formule les pièces non protégées, considérant sans doute la valeur du blindage comme un facteur qui s'annule pour ces canons. En réalité, une bouche à feu a toujours sa valeur propre, et quand elle cesse d'être protégée, c'est le navire seul qui diminue de puissance, parce qu'il a plus de chances de perdre la valeur inaliénable de son canon.

ou dont le tirant d'eau serait infini. Aussi le coefficient qui caractérise le navire à ces différents points de vue doit-il entrer comme facteur dans la formule.

D'après ce que nous venons de dire, les navires de commerce eux-mêmes pourraient constituer une force à un moment donné [1] ; mais cela n'est vrai qu'autant que leur fret est remplacé par des canons et des torpilles ; car le bâtiment marchand qui transporte sa cargaison, loin de constituer un danger pour l'ennemi, lui offre une proie. Dans ces derniers temps on a fait beaucoup de bruit en Angleterre du parti que nos voisins pourraient tirer en temps de guerre de leur immense marine de commerce [2]. Il n'est pas probable cependant qu'ils transforment à un moment donné tous les bâtiments marchands en navires de guerre et suppriment d'eux-mêmes leur commerce ; cette manière de rétablir le blocus continental ressemblerait assez à un suicide. Tout ce qu'on peut admettre, c'est qu'on pratiquera l'opération sur un nombre de bâtiments assez grand pour assurer la défense des autres. Dans la discussion qui suivit la lecture de M. Barnaby aux *Navals Architects* sur le rôle possible des navires marchands dans une guerre maritime [3], sir Sp. Robinson n'accepta la thèse qu'au point de vue défensif et seulement contre des bâtiments de même espèce ; M. Samuda et le *captain* Pim s'élevèrent énergiquement contre l'idée de donner à tous les navires de commerce un rôle militaire, en disant que les approvisionnements renfermés en Angleterre n'étaient pas suffisants pour plus de quatre ou même de deux mois [4].

Pour les mêmes raisons nous ne tiendrons pas compte, dans la puissance navale, des transports et des yachts, qui sont tout au plus assez armés pour se défendre eux-mêmes.

Nous nous bornerons donc à appliquer le calcul aux bâtiments de guerre proprement dits, ceux qui ont un propulseur immergé et sont faits pour l'attaque. Mais la formule que nous allons essayer d'établir s'applique également à toute espèce de bâtiments.

Comme nous l'avons indiqué plus haut, les éléments qui caractérisent

---

[1] On pourrait invoquer comme preuve à l'appui l'exemple du bâtiment de commerce russe le *Vesta*, résistant le 23 juin 1877 au cuirassé turc le *Fethi-Bulend*, si les Turcs ne contestaient la véracité du récit des Russes.
[2] Voir en particulier la *Revue maritime* de septembre 1876 (Chronique).
[3] *Revue maritime* de mars 1877, p. 511.
[4] *Iron* du 31 mars 1877, p. 392.

la puissance militaire doivent se calculer séparément, et simplement s'ajouter ; au contraire, les propriétés qui constituent le navire lui-même, sans être en soi redoutables à l'ennemi, sont essentielles à l'efficacité des éléments militaires et entrent dans la formule pour modifier la valeur de ces éléments. Un bâtiment de guerre est un instrument, une arme de combat : si l'on nous permet une comparaison familière, nous dirons que la coque du bateau est le manche de cette arme, c'est-à-dire un auxiliaire, une base indispensable quoique impuissante par elle-même; la lame, ce sont les qualités offensives et défensives, propulsives et giratoires du navire, lame d'autant plus effilée que les canons sont plus puissants et la mobilité plus grande, d'autant mieux trempée que le blindage est plus épais. Dans cette arme gigantesque le manche est inoffensif; et cependant, si la lame est mal emmanchée, l'arme perd toute sa valeur.

On commencera donc par rechercher ce que vaut le bateau lui-même, quelle est l'étendue du cercle auquel il est obligé de restreindre ses opérations, étendue qui dépend des dimensions, des formes de sa coque et de la répartition des poids qui composent son chargement. C'est ce qu'on nommera la *zone d'action*, Z.

Le chargement, d'où le navire tire ses qualités militaires, se divise en trois grandes catégories qui servent à distinguer les trois classes de bâtiments existants.

La première s'applique à tous les navires sans exception ; elle comprend les poids affectés à la mâture, à l'appareil moteur, au gouvernail et à sa manœuvre. La qualité correspondante, que nous considérerons d'abord, s'appellera la *mobilité*, M. Puis viennent les poids consacrés à l'artillerie, aux torpilles, à la consolidation de l'avant en vue du combat par le choc; ces poids, qui ne se trouvent que dans les bâtiments de guerre, fournissent la *puissance offensive*, O. Enfin, les cuirassés, les bâtiments de combat proprement dits, sont les seuls qui se chargent d'un blindage, ce qui, avec les cloisons étanches et les protections accessoires, constitue la *puissance défensive*, D.

Ces quatre symboles Z, M, O, D, combinés comme nous l'avons dit, nous donneront l'expression cherchée de la puissance militaire, P. Ce sera

$$P = Z (M + O + D).$$

Il faudrait, pour qu'on pût apprécier avec quelque chance d'exactitude, les qualités si variées qui sont demandées aux bâtiments de guerre, disposer de données nombreuses et précises. Ce n'est pas malheureusement le cas ; aussi sera-t-on obligé de constituer la formule de manière à employer seulement, autant que possible, les chiffres généralement publiés.

En outre, dans l'appréciation des éléments de la puissance, on a évité d'appliquer, sinon d'émettre, des théories personnelles, et on s'est attaché à se conformer aux idées ayant cours. On a cherché à se mettre d'accord avec la moyenne des faits existants, à négliger les écarts qu'ils présentent pour tracer, en quelque sorte, une courbe continue à travers les sinuosités des chiffres adoptés par les constructeurs. En comparant attentivement les faits, on a souvent pu déduire des lois empiriques des concordances qui ne se montraient pas au premier abord. Ces concordances inattendues font voir que si le courant d'idées d'où sont sorties les conceptions actuelles paraît changeant et mal défini, les différentes marines n'en ont pas moins tiré instinctivement, pour ainsi dire, des résultats suffisamment comparables.

II.

Zone d'action. — 1. Pour qu'un bâtiment puisse utiliser sa puissance le jour du combat, il faut avant tout qu'il puisse être amené sur le champ de bataille, il faut qu'il soit capable de naviguer. Naviguer pour un bâtiment, c'est transporter sur l'eau un équipage avec sécurité, faculté qui est d'autant plus développée qu'elle peut s'exercer sur une plus grande étendue de surface liquide. Cette étendue, qui forme le champ d'action du navire, est limitée, d'une part, aux fonds trop élevés pour son tirant d'eau, d'autre part, aux régions dont ses défauts lui défendent l'accès. Par ses défauts nous entendons, d'un côté, ceux qui nuisent à sa sécurité et à ses facultés militaires, en particulier l'amplitude de ses roulis; de l'autre, ceux qui rendent difficile l'existence à bord. La seconde ligne de démarcation est évidemment fonction des circonstances extérieures : il peut arriver que tel bâtiment, apte par beau temps à naviguer dans toutes les mers, ne puisse trouver son salut qu'au port un jour de coup de vent; tandis qu'un autre pourra affronter sans danger les ouragans les plus violents. La limite que nous cherchons se rapporte à une moyenne entre les capacités variables que nous venons de signaler.

Les deux limites peuvent être considérées comme des lignes toutes deux à peu près parallèles aux contours des côtes ; l'une est située à la distance minima à laquelle le bâtiment peut s'approcher de terre, l'autre à la distance la plus grande qu'il puisse atteindre avec sécurité par un temps moyen. C'est pour cela que nous avons donné à la surface comprise entre ces deux lignes le nom de zone.

La zone d'action se réduira à zéro, soit lorsque le tirant d'eau sera trop grand pour que le navire puisse flotter, soit lorsque les qualités nécessaires à la navigation dans les régions accessibles au navire par suite de son tirant d'eau seront absentes. D'où il résulte que les deux coefficients, l'un relatif au tirant d'eau, l'autre concernant les qualités de navigation, sont les deux facteurs du produit qui représente la zone d'action. Reste à examiner la constitution de ces deux facteurs.

2. Théoriquement le coefficient de tirant d'eau ne devrait s'annuler que pour une valeur égale à la profondeur la plus considérable des mers du globe. En réalité, un navire ne peut exister que s'il s'est trouvé un port pour le recevoir lors de sa mise à l'eau. Cette base, cependant, n'a rien de bien défini : il est difficile de fixer le maximum que les conditions de la construction et la profondeur des ports imposent au tirant d'eau, tout ce qu'on peut dire, c'est que c'est certainement plus que les valeurs réalisées dans la pratique.

Si l'on se fondait sur les enseignements qui se dégagent de la guerre de 1870 pour apprécier l'importance du tirant d'eau, on pourrait, sans exagération, admettre qu'un navire de 9 mètres de tirant d'eau — chiffre voisin du tirant d'eau qui a entravé les opérations des grands cuirassés français dans la Baltique — perd plus de la moitié de la zone d'action que posséderait un navire théorique d'un tirant d'eau nul et doué par ailleurs des mêmes qualités de navigation. On pourrait, par exemple, attribuer exactement la moitié de la valeur maxima aux bâtiments de 8 mètres de tirant d'eau qui composent le plus grand nombre des cuirassés de 1er rang construits depuis 1870, et on serait ainsi amené à représenter le coefficient de tirant d'eau par l'expression $16 - T$. Ce raisonnement, on le voit, suppose qu'on pourrait à la rigueur construire des bâtiments de 16 mètres de tirant d'eau, ce qui ne paraît pas impraticable.

Mais ces déductions, qui pourraient peut-être convenir au cas que nous avons cité, sont exagérées quand on considère la question au point de vue général de la navigation et de la guerre dans toutes les mers du globe. D'un autre côté, il ne serait pas exact d'adopter pour le coefficient cherché une fonction linéaire de T, car au point de vue de cette dimension, le bateau théorique de tirant d'eau nul n'a pas une zone d'action sensiblement plus grande que celui qui enfonce d'un mètre dans l'eau, et l'avantage du bateau d'un mètre de tirant d'eau sur celui qui jauge deux mètres est évidemment moins considérable que la différence qui existe, à ce point de vue, entre deux navires pour lesquels ces dimensions seraient respectivement 8 mètres et 9 mètres.

Ces motifs nous ont conduit à représenter le coefficient de tirant d'eau par l'expression $\sqrt{16-T}$.

3. Pour naviguer avec sécurité, le navire doit d'une part être marin, c'est-à-dire avoir des roulis peu amples, être tranquille, et de l'autre être approprié aux besoins de la vie humaine, être habitable.

Pour représenter exactement ces qualités, il faudrait des renseignements dont la plupart n'existent pas, et ensuite une relation unique et bien établie entre ces données et la valeur nautique qu'elles confèrent au navire. En l'absence de ces éléments, on s'est borné à mesurer les deux qualités en question par des cotes variant de 0 à 10.

La cote relative à la *tranquillité* a été fixée en ayant égard surtout à la période d'oscillation en eau calme, et aussi dans une moindre proportion, à la grandeur du bâtiment et à la présence d'une voilure.

Bien souvent la période d'oscillation n'est pas donnée; on l'a suppléée alors en la considérant comme une fonction de la distribution ou plus exactement de la *décentralisation* des poids, et comme d'autant plus grande que la hauteur métacentrique est plus faible.

La cote attribuée à l'*habitabilité* dépend du développement des œuvres mortes, de l'aération et aussi, jusqu'à un certain point, des dispositions des emménagements et des facilités qu'elles apportent à la manœuvre.

4. Les deux propriétés que nous venons d'examiner sont distinctes : un navire dans lequel les ponts seraient remplacés par des plates-formes très-inclinées sur l'horizontale, ou les sabords et les panneaux bouchés, serait inhabitable et pourrait posséder néanmoins d'excellentes qualités nautiques, tandis que les constructions flottantes qu'on voit établies sur les cours d'eau à leur passage dans les grandes villes, n'ont pas la prétention de pouvoir naviguer. Les chiffres qui représentent la tranquillité et l'habitabilité doivent donc s'ajouter.

D'un autre côté, ce serait peut-être leur accorder une importance exagérée que de faire entrer directement leur somme dans le facteur qui représente la zone d'action. Dans la pratique, on voit souvent des bâtiments de qualités nautiques très-différentes naviguer de conserve ; et les *caravelles* avec lesquelles Christophe Colomb a découvert l'Amérique n'auraient eu, au point de vue de ces qualités, qu'une place très-reculée dans notre classification ; aussi avons-nous pensé que la somme de la tranquillité Q et de l'habitabilité H ne devait entrer dans le coefficient cherché que par sa racine carrée.

D'où il suit que la zone d'action devra être représentée par le radical :

$$\sqrt{(16-T)(Q+H)}.$$

5. Les arguments que nous avons mis en avant pour arriver au résultat qui précède ne nous paraîtraient pas convaincants s'ils n'étaient appuyés sur les faits ; c'est pourquoi nous allons tâcher de justifier notre expression par deux applications qui pourront en même temps en rendre la signification plus claire.

En France, la base de la nouvelle flotte de combat a été constituée de 1873 à 1875 par la mise en chantier de neuf bâtiments divisés en trois types principaux et conçus sous une inspiration unique ; nous insistons sur ce dernier point parce qu'il en résulte qu'on a distribué les qualités entre ces trois types de manière qu'ils se complétassent l'un l'autre et ne fissent pas double emploi, puisqu'ils étaient destinés à des services distincts ; le type *Redoutable*, à la lutte en pleine mer, le type *Tonnerre* à l'attaque des côtes ennemies, le type *Tempête* à la défense des côtes nationales. Ces types sont caractérisés par l'adoption de trois tirants d'eau arrière différents, $7^m,73$ [1], $6^m,40$ et $5^m,10$. Ne peut-on pas admettre que le type *Tempête* est créé pour opérer spécialement depuis les fonds de $5^m,10$ jusqu'à ceux de $6^m,40$ et le type *Tonnerre* dans les eaux dont les profondeurs varient de $6^m,40$ à 7^m73 ? Ces trois nombres présentent deux à deux les différences 1,333 et 1,30 : nous en avons conclu que les zones d'action du type *Tonnerre* et du type *Tempête* devaient être proportionnelles à $1^m,333$ et $1^m,30$.

$$\frac{1,333}{1,30} = 1,0253.$$

---

[1] *Dévastation* et *Foudroyant*, $7^m,80$; *Redoutable*, $7^m,60$.

Or l'application de la formule donne pour les deux valeurs de Z^1 :

$$\frac{Tonnerre : 10,955}{Tempête : 10,698} = 1,024.$$

En Angleterre, le tirant d'eau arrière le plus communément adopté pour les navires d'escadre est $8^m,08$, c'est celui de l'*Hercules*, de la *Devastation*, de l'*Alexandra*, etc. D'autre part, les navires de la classe du *Tonnerre* sont au nombre de trois, le *Glatton*[2], le *Hotspur* et le *Rupert*, et ont $6^m,437$, pour moyenne de leurs tirants d'eau arrière[3]. Enfin les garde-côtes proprement dits sont au nombre de quatre, avec un tirant d'eau commun de $4^m,72$. — La différence est de $1^m,643$ entre les deux premiers chiffres, et de $1^m,717$ entre le second et le troisième. Raisonnant comme tout à l'heure, nous dirons que les zones d'action des deux types de bâtiments de côtes doivent être proportionnelles à ces différences. Or, pour les *attaque-côtes*, la valeur moyenne de Z est de 10,53, pour les garde-côtes de 11,01 et on a :

$$\frac{1,643}{1,717} = 0,9569 \text{ et } \frac{10,53}{11,01} = 0,9564$$

On peut trouver ces concordances plus favorables à notre thèse qu'il n'était nécessaire : nous avons trouvé l'exactitude là où nous ne prétendions obtenir qu'une approximation. Cependant les chiffres n'ont pas été arrangés pour les besoins de la cause : les tirants d'eau sont ceux qui ont été publiés, et, comme on le voit, les valeurs de Q et de H sont exprimées en nombres ronds.

---

[1] Les éléments de la valeur de Z sont les suivants :

	Q	H	T	$\sqrt{(16-T)(Q+H)}$
Tonnerre	6,5	6,0	6,40	10,955
Tempête	4,5	6,0	5,10	10,698

[2] Nous avons rangé le *Glatton* dans cette classe, parce qu'il a été créé spécialement pour l'attaque des côtes. (Voir la *Revue maritime* de juin 1876, page 895.)

[3] Les données relatives à ces bâtiments sont les suivantes :

	Tarrière		Q	H	$\sqrt{(16-T)(Q+H)}$	
Rupert	7,16		6,5	6,5	10,72	
Hotspur	6,36	6,437	6,0	6,0	10,75	10,53
Glatton	5,79		4,5	4,5	10,11	
Cyclops	4,72		5,25*	5,5	11,01	

* Valeur égale à celle de la période d'oscillation calculée pour le *Cyclops* par le *Comittee on Deigns* (p. XLV, Paper G.).

MOBILITÉ.

6. La mobilité serait complète si le navire pouvait, à un moment donné, passer par tous les points qui l'environnent, comme on conçoit que puisse le faire un navire circulaire à propulseur hydraulique [1]; malheureusement il n'en est pas ainsi et il existe de chaque bord un cercle mort dans lequel le navire ne peut pénétrer. La mobilité est d'autant plus grande que ces cercles sont moins étendus et que la rapidité avec laquelle le navire se meut sur le reste de la surface liquide est plus considérable; on appréciera convenablement cette propriété en mesurant d'une part le diamètre de la circonférence minima décrite à toute vitesse, et de l'autre la vitesse avec laquelle le navire se meut en ligne droite; d'où deux ordres de facultés : les facultés évolutives, d'autant plus développées que le diamètre de l'évolution est plus restreint, les facultés propulsives qui caractérisent la marche en ligne droite. Nous nous occuperons d'abord de ces dernières.

7. *Facultés propulsives.* — Deux moteurs sont à la disposition du constructeur, le vent et la vapeur. Si le premier est le plus anciennement connu, le second est le plus énergique et le plus important pour des bâtiments de guerre : à celui-là se rapportent les données qui seront employées dans l'appréciation des facultés giratoires.

Dans la marche à la vapeur il faut distinguer la qualité et la quantité, l'intensité de la vitesse et le temps pendant lequel on peut la maintenir. La première qualité dépend surtout du poids consacré aux machines et chaudières, la seconde du poids affecté au combustible.

8. Considérons d'abord la vitesse à la vapeur au point de vue qualitatif. Dans la formule déjà citée, M. Barnaby mesurait l'importance de la vitesse par le cube du chiffre qui la représente, « parce que de très-petites différences de vitesse peuvent avoir de grands résultats dans un engagement ». La raison est peut-être un peu vague, mais d'un autre côté, pour un bâtiment de dimensions et de formes données, la vitesse est proportionnelle à la racine cubique de la force développée, ou, ce qui revient sensiblement au même, du poids de l'appareil moteur. C'est ce qu'indique la formule connue :

$$V = m \sqrt[3]{\frac{F}{B^2}}.\text{ [2]} \qquad (1)$$

---

[1] C'est là un des principaux avantages qu'Elder mettait en avant pour défendre ce type de bâtiments. (*United service Institution*, lecture du 25 mars 1868, p. 546.)
[2] V, vitesse maximum; — m, utilisation; — B², résistance du navire à la propulsion.

Nous nous croyons donc suffisamment justifié à suivre l'appréciation de l'éminent ingénieur anglais. On pourrait objecter que, pour obtenir un bâtiment deux fois plus rapide qu'un navire donné, tout en le dotant des autres qualités au même degré, il faut dépenser plus de huit fois le poids de l'appareil moteur primitif. En même temps qu'on augmente le poids de la machine, il faut agrandir le bâtiment pour le rendre capable de porter une machine plus lourde, d'où nouvelle augmentation du poids de la machine, puisque la surface du maître couple s'est accrue, et ainsi de suite jusqu'à ce qu'on arrive à un équilibre qui existe, puisque le déplacement du bâtiment augmente comme le cube des dimensions, et le poids du moteur comme leur carré.

C'est une manière de voir qu'on pourrait appliquer aux autres éléments, et cependant nous ne serons pas tenté de dire que la valeur d'un approvisionnement quelconque croisse plus vite que son poids, quoique pour le doubler sans toucher au reste de l'exposant de charge, il faille agrandir le navire et ajouter à l'augmentation du poids de l'approvisionnement, une augmentation de poids de coque. Les dépenses de poids de coque à compter en sus des poids nouveaux dont on charge le bâtiment, intéressent le coefficient Z qui multiplie tous les autres. Actuellement la valeur de l'approvisionnement est p ; quand on la double, on ajoute en réalité à la puissance du navire la quantité pZ', Z' étant différent de Z puisque la coque n'est plus la même.

Nous devons donc, dans tous les cas, considérer les variations de valeur des éléments indépendamment du changement qu'elles impliquent pour la coque, et supposer que la quantité qui croît ou décroît est toujours portée par le même bâtiment.

La vitesse qui entre dans la relation précédente est naturellement la vitesse maximum, puisque F représente la puissance totale. Comme ce maximum doit être élevé au cube, il est fort important de connaître sa valeur réelle, qui est souvent assez différente du chiffre réalisé à des essais dans lesquels le tirant d'eau, la propreté de carène, le charbon, la distance parcourue, diffèrent plus ou moins de ce que sont en service ces mêmes éléments. Nous admettrons, pour pouvoir négliger l'influence de la qualité du combustible et de l'habileté des chauffeurs, influence impossible à évaluer, que l'infériorité des conditions du service sur celles des essais à ce point de vue, est la même pour tous les bâtiments, ce qui est certainement inexact et à l'avantage de l'Angleterre en particulier, où cette différence est plus marquée que partout ailleurs. Mais nous avons cru indispensable de tenir compte de l'écart entre le tirant d'eau des essais et le tirant d'eau en charge, lorsque cette différence était connue, et de faire intervenir la nature de la surface plongée dans l'eau.

En conséquence, la vitesse V', réalisée aux essais, ayant été inscrite dans une première colonne, deux autres colonnes ont été ouvertes ; dans l'une V' devient V, qui est ramené au tirant d'eau actuel :

$$V = V' \sqrt[3]{\frac{B'^2}{B^2}}$$

en appelant B^2 le maître couple actuel et B'^2 celui des essais.

Dans la troisième colonne V devient V_1, valeur définitive de la vitesse, qui dépend du frottement exercé par l'eau sur la carène. Nous n'avons pas eu, bien entendu, à manifester l'influence de la nature de la surface sur l'utilisation, puisque cette influence a déjà agi sur la vitesse V' obtenue aux essais ; nous avons voulu seulement tenir compte de la salissure qui, comme on le sait, ne se produit pas de la même manière sur les navires en bois et en fer. Tandis qu'elle est presque nulle sur les premiers, elle est assez sensible sur les autres pour qu'on puisse en évaluer l'effet à une perte d'environ $1/70$ par mois dans la vitesse[1]. Or en temps de paix, un bâtiment en fer ne passe guère au bassin plus d'une fois par an, ce qui correspondrait à une moyenne de six mois écoulés pour un bâtiment quelconque depuis sa sortie du bassin. Admettons qu'au début d'une guerre on ait pu s'arranger de manière que cette moyenne soit réduite de moitié, c'est-à-dire à trois mois, c'est être très-réservé que de supposer que la guerre ne durera pas plus de deux mois. Dans cette hypothèse, en considérant les bâtiments au milieu de

---

[1] Nous ne citerons que deux bâtiments du même type, les transports la *Vienne* et l'*Isère*. Le premier, sorti du bassin le 22 novembre 1873, obtint, le 6 décembre, une utilisation u de 3,825, tandis que, le 22 octobre 1864, on n'avait atteint que 3,13. La faible valeur réalisée la première fois s'explique par l'état de la mer, qui était très-houleuse, et la saleté de la carène, qui n'avait pas été nettoyée depuis deux mois.

L'*Isère* fournit des résultats plus facilement applicables au cas qui nous occupe, parce qu'ils sont dégagés de l'influence de la mer. Le 15 mars 1872, après plus d'un mois écoulé depuis la sortie du bassin, l'utilisation fut de 3,68, inférieure comme on le voit à celle de la *Vienne* en 1873 ; la mer était houleuse. Le 19 mars 1867, l'utilisation n'avait été que de 3,108 par mer belle, parce que la carène était très-sale, étant restée onze mois sans être nettoyée. Il faut y ajouter que l'immersion de l'hélice était moins grande d'une trentaine de centimètres que la première fois ; ce fait a dû être compensé par la différence des états de la mer ; nous en tiendrons néanmoins compte. En résumé, le 19 mars 1867, le transport avait été exposé à la salissure pendant dix mois de plus que le 15 mars 1872 ; la différence 3,68 − 3,108 doit donc être répartie sur dix mois, ce qui donne pour chaque mois une perte de plus de $1/65$. Pour être certain que l'immersion de l'hélice n'influence pas ce chiffre, nous avons pris $1/70$.

la période de deux mois pendant laquelle ils auront à combattre, ils n'auront pas été nettoyés depuis quatre mois. Ils auraient donc perdu $4/_{70}$ de leur vitesse ou 0,057. Bien que nous ayons diminué plus que de raison le nombre de mois sur lequel doit s'exercer la réduction, nous n'enlèverons que 0,05 à la vitesse des bâtiments en fer recouverts de peinture, et 0,02 à celle des bâtiments en fer doublés en zinc. En appelant q le coefficient de réduction correspondant, nous aurons pour déterminer V_1 l'égalité :

$$V_1 = q\,V,$$

la valeur de q étant l'unité pour les bâtiments doublés en cuivre, 0,98 pour ceux qui sont doublés en zinc, et 0,95 pour les carènes en fer.

Il est encore une autre cause de déperdition pour la vitesse dont nous n'avons pas tenu compte, c'est celle qui provient de l'usure des chaudières. Nous avons admis qu'au moment d'une guerre, toute nation maritime ferait ce que fait aujourd'hui l'Angleterre et remplacerait les appareils évaporatoires incapables de soutenir la pression normale.

9. La quantité de la vitesse s'appelle la *distance franchissable* et a pour expression

$$\delta = \frac{C}{K}\,V_1,$$

en appelant C l'approvisionnement de charbon, K la quantité qui en est brûlée par heure, et V_1 la vitesse pour laquelle on envisage cet élément. Cette vitesse sera ici le maximum qui fait l'objet du précédent paragraphe, car l'adoption d'une vitesse fixe de 10 nœuds, qui ne se rapproche peut-être pas plus de la pratique que la considération d'une fraction fixe de la puissance, nécessiterait un calcul pour la détermination de la valeur de K correspondante, et entraînerait des complications inutiles quand il s'agit simplement de comparer les rendements de poids donnés de charbon.

La quantité δ étant pour un même navire proportionnelle à la valeur de C, le second membre de l'expression qui représente la distance franchissable sera, à une constante près, la mesure de sa valeur, puisqu'il varie comme le poids qu'elle coûte.

10. L'action du vent sur les voiles n'est plus guère aujourd'hui qu'un auxiliaire avantageux, parce qu'il permet d'économiser le combustible nécessaire à la production de la vapeur, et utile dans bien des cas par

son action favorable sur les qualités nautiques. L'énergie de l'effet produit sur la voilure par le souffle du vent, la force créée par le vent est proportionnelle à la surface de toile ; aussi, en considérant la vitesse v imprimée au navire comme le résultat utile de l'action atmosphérique, pourrons-nous écrire que, pour une force de brise déterminée convenablement,

$$v = m' \sqrt[3]{\frac{S}{B^2}}$$

en appelant S la surface de voilure telle qu'elle est habituellement calculée. Cette égalité suppose que pour une même force de brise tous les bâtiments peuvent mettre dehors une même fraction de leur voilure totale : il faudrait, pour être rigoureux, tenir compte de la valeur du couple de stabilité dont dépend la quantité de toile que le navire peut déployer par un temps donné. Il est possible, en effet, que par un vent frais la différence des stabilités établisse des différences notables entre les voilures que peuvent porter les bâtiments ; mais on doit remarquer que, dans la plupart des circonstances où le temps est assez beau pour que la recherche d'une grande vitesse soit le seul objectif à poursuivre, le rapport du couple de stabilité au moment de la voilure est plus largement calculé que ne le demande la sécurité du bâtiment, et par suite, dans le plus grand nombre des cas, la vitesse n'a d'autre limite que celle que comporte l'étendue de la voilure. On se croit donc suffisamment autorisé à éviter d'introduire dans l'appréciation de l'efficacité de la voilure l'influence de la stabilité [1], influence dont les données feraient d'ailleurs bien souvent défaut.

D'après la formule, la vitesse à la voile pour un bâtiment donné est proportionnelle à $\sqrt[3]{S}$ et sa valeur à la dépense en poids que coûte la surface de toile. Or, le poids de la voilure augmente plus rapidement

---

[1] On pourrait peut-être évaluer cette influence en multipliant la puissance de la voilure par une certaine racine du rapport du couple de stabilité au moment d'inclinaison de la voilure. Mais il faut remarquer que pour la *Gloire*, par exemple, ce rapport est de 0,538, tandis qu'il est de 0,051 sur le *Radetzky*, c'est-à-dire plus de dix fois moindre. Or, pour les deux bâtiments, les valeurs de $\frac{S}{B^2}$ sont : *Gloire*, 11,1 ; *Radetzky*, 26,7. Supposons, par exemple, qu'on multiplie ces deux nombres par la racine cubique des rapports du couple de stabilité à celui de la voilure, on aura : *Gloire*, 11,1 × 0,812 = 9 ; *Radetzky*, 26,7 × 0,371 = 9,9. C'est-à-dire qu'on apprécierait à peu près à la même valeur deux voilures proportionnées d'une façon toute différente, et dont la seconde est incontestablement, même en prenant les précautions nécessaires pour assurer toute sécurité au navire, bien plus puissante que l'autre. On voit donc qu'on risquerait, en faisant intervenir la stabilité, même avec beaucoup de réserve, de déprécier outre mesure les navires très-voilés.

que son étendue et paraît varier à peu près comme la puissance $\frac{2}{3}$ de S [1]. Nous en conclurons que la valeur de la voilure peut être exprimée par une quantité proportionnelle à $\dfrac{S^{\frac{3}{2}}}{B^{\frac{3}{2}}}$.

11. *Facultés évolutives.* — M. le vice-amiral Bourgois, dans ses *Études sur les manœuvres des combats sur mer*, a mis en lumière le rôle des facultés évolutives par une discussion approfondie dans laquelle il explique de la façon suivante qu'on serait peu fondé à chercher dans la valeur de la durée de giration la caractéristique de ces facultés : « De ces deux qualités, de tourner vite et de tourner court, qu'on a souvent mises en parallèle, la première dépend de la seconde, c'est-à-dire de l'étendue du cercle décrit, en même temps que de la vitesse de sillage avec laquelle ce cercle est parcouru. La qualité de tourner dans un cercle de petit diamètre est donc véritablement la qualité prépondérante pour un bâtiment destiné à combattre par le choc [2]. »

Nous venons d'évaluer la puissance propulsive dont dépend la durée d'évolution, nous n'avons donc à nous occuper ici que du diamètre de giration, qui nous servira de base pour apprécier ce qu'on appelle les qualités évolutives; la durée résultera implicitement de la connaissance du diamètre et de la vitesse.

Le diamètre de giration est en relation avec les dimensions et en particulier avec la longueur du navire. Or, sur un bâtiment d'un déplacement déterminé, les dimensions sont généralement fixées par des considérations étrangères aux qualités évolutives, la longueur est imposée par la condition de ne pas étendre outre mesure la surface du maître couple, ou autrement dit, de ne pas réduire défavorablement la vitesse que peut fournir le poids consacré au moteur; on s'arrête probablement dans la diminution de la longueur à la limite où l'augmentation des qualités évolutives peut être obtenue plus économiquement par un accroissement de la surface du gouvernail que par une réduction de longueur. Nous devons, par suite, regarder les dimensions comme des données que le constructeur n'est pas libre de faire varier pour modifier les qualités giratoires.

Si donc on mesure la valeur des facultés évolutives au poids qu'exige leur acquisition, on devra se borner à faire entrer en ligne de compte

---

[1] M. l'ingénieur Bertin, dans sa *Notice sur la marine à vapeur*, p. 23, admet que le poids de la voilure croît suivant le cube des dimensions pour une vitesse constante, ce qui revient à notre énoncé dans les cas où on fait varier la vitesse sur un même navire.

[2] *Revue maritime* de juin 1876, p. 794.

le poids que coûtent l'établissement et la manœuvre du gouvernail. Ce poids sera à peu près proportionnel, pour le même bâtiment, à la surface du safran, si l'on admet que l'angle maximum auquel peut être portée la barre, est une constante pour tous les navires, supposition très-voisine de la vérité, surtout pour les bâtiments de combat.

Or, M. l'amiral Bourgois a établi la relation suivante entre le diamètre I de giration, la longueur L du bâtiment, les surfaces D^2 du plan de dérive et G^2 du gouvernail et un coefficient U qui dépend surtout de l'angle de barre α [1] :

$$I = \frac{1}{U} L \sqrt{\frac{D^2}{G^2}}.$$

D'après cette formule, I est inversement proportionnel à $\sqrt{G^2}$, nous prendrons donc tout naturellement pour mesure de la qualité de tourner dans un petit cercle le carré de l'inverse de I.

Il faudrait pour que cette conclusion fût rigoureuse que I fût indépendant de la vitesse, ce qui n'est pas tout à fait exact. M. l'amiral Bourgois en fait l'observation. On constate en effet, en se reportant aux expériences de giration exécutées en France pour le même bâtiment avec un angle de barre constant et des vitesses notablement différentes [2], que le diamètre réel est à peu près proportionnel à la racine cubique de la vitesse initiale quand la vitesse n'est pas trop faible. Cette influence est d'autant plus négligeable, dans le cas qui nous occupe, que la vitesse correspondant au diamètre minimum relevé dans les expériences est à peu près la même — 13 ou 14 nœuds — pour les bâtiments les plus intéressants à ce point de vue.

PUISSANCE OFFENSIVE.

12. *Éperon.* — Des trois engins d'attaque actuellement connus, le canon, la torpille et l'éperon, on considérera d'abord le dernier, dont la valeur est intimement liée à celle de la mobilité qui vient d'être étudiée. Cette valeur dépend de l'agilité du bâtiment, qui est caractérisée par le minimum auquel peuvent descendre le diamètre et la durée de

---

[1] *Manœuvres des combats sur mer.* (*Revue maritime* de mai 1876, p. 347.)
[2] Voir les expériences relatées dans le *Mémorial du génie maritime* et le tableau à la fin de l'Introduction.

ses évolutions. C'est ce qu'a exprimé M. l'amiral Bourgois en disant : « ..... un bâtiment peut, ... au moyen de son éperon, ... triompher de son adversaire s'il tourne en moins de temps que celui-ci, ou s'il décrit un cercle de moindre diamètre, ou enfin et surtout s'il possède ces deux qualités à la fois [1]. »

Ainsi la durée et le diamètre d'évolution spécifient deux moyens distincts de frapper par l'éperon : tantôt il est utile de diminuer le diamètre du cercle de giration « sans se préoccuper du temps mis à le décrire », tantôt, au contraire, il faut à tout prix tourner vite, marcher au « maximum de vitesse », bien que agir ainsi entraîne une augmentation de la grandeur du cercle [2].

Le coefficient qui entrera dans la valeur de l'éperon pour représenter l'influence des qualités évolutives devra donc se composer de deux termes, dont l'un dépendra des facultés évolutives, c'est-à-dire du diamètre de giration, et l'autre des facultés propulsives ou de la durée de giration. Il aura donc la forme :

$$\frac{K}{I^m} + \frac{K'}{\Omega^n}$$

K et K' étant des constantes destinées à donner aux deux termes l'importance relative qui leur convient, m et n des exposants qui mesurent le poids dépensé pour réaliser le diamètre I et la durée Ω, poids proportionnel, comme on l'a exposé précédemment, à la surface de gouvernail correspondante.

Nous avons déjà déterminé m, qui est égal à 2, comme nous l'avons vu ; il reste à trouver l'exposant de Ω. Or, on a par définition :

$$\Omega = \frac{1}{v},$$

v étant la vitesse moyenne pendant le parcours.

Cette quantité elle-même dépend non-seulement de la vitesse initiale V, mais aussi, en négligeant l'influence de l'angle de barre — il est toujours supposé constant, — du rapport de la surface du gouvernail à une quantité C^2, qui représenterait la résistance du navire dans son parcours oblique, quantité qui dépend de B^2, de D^2 et des formes du

---

[1] *Revue maritime* de juin 1876, p. 794.
[2] *Revue maritime* de mai 1876, p. 400.

bâtiment. En ne conservant dans la valeur de v que la puissance la plus importante de G^2, on pourra la mettre sous la forme :

$$v \parallel^1 \frac{V}{\sqrt{\frac{\sqrt[p]{G^2}}{C^2}}} \qquad (A)$$

d'où :

$$\Omega \parallel \frac{1}{V}\sqrt{\frac{\sqrt[p]{G^2}}{C^2}}$$

Mais I contient lui-même $\sqrt{G^2}$ au dénominateur, Ω sera donc fonction du quotient de $\sqrt[p]{G^2}$ par $\sqrt{G^2}$.

Remarquons d'abord que p doit être tout au plus égal à 2 ou qu'en d'autres termes, $\sqrt[p]{G^2}$ ne doit pas dépasser $\sqrt{G^2}$. M. l'amiral Bourgois constate en effet que les différences présentées par les premiers cuirassés français et anglais, aussi bien dans leurs durées que dans leurs diamètres de giration « avaient leur explication naturelle dans la « compensation des gouvernails et l'extension de leur surface que cette « compensation avait permise[2] ». Il faut donc que Ω diminue quand G^2 augmente.

Plus loin[3] le même auteur observe « que le ralentissement de « vitesse subi par le bâtiment pendant le parcours circulaire du plus « faible rayon, qui n'était guère que du tiers sur nos anciens navires, se « rapproche beaucoup de la moitié avec les larges gouvernails actuel- « lement employés[4] ». Ce qui revient à dire qu'autrefois $V-v$ était égal à environ $\frac{1}{3}$ V et que maintenant cette différence atteint presque $\frac{1}{2}$ de V ; ou bien que le rapport $\frac{V}{v}$ est à peu près passé de $\frac{3}{2}$ à 2. Or, on peut admettre que $\frac{G^2}{C^2}$ varie à peu près comme $\frac{G^2}{D^2}$, ce qui serait exact si tous les bâtiments étaient semblables. Mais $\frac{G^2}{D^2}$ qui était de $\frac{1}{52}$ sur le *Solférino*, la *Couronne* et le *Warrior*, qui descendait à $\frac{1}{64}$ sur le *Northumberland*, est monté à $\frac{1}{39}$ sur le *Bellerophon* et même à $\frac{1}{22}$ sur le *Marengo*, en pre-

---

[1] Pour ne pas multiplier les lettres, on a donné dans ces pages au signe $\parallel$ le sens *proportionnel à*.
[2] *Manœuvres des combats sur mer* (*Revue maritime* de mai 1876, p. 328.)
[3] *Idem, ibidem*, p. 347.
[4] Le *Bouledogue*, lancé avec une vitesse de 12 nœuds, a accompli une évolution de 252 mètres de diamètre en 4'20" avec une vitesse moyenne de 6 nœuds.

nant la surface totale des lames [1]. La grandeur relative des gouvernails a été presque triplée. Si donc on admettait que $\frac{G^2}{D^2}$ varie de 1 à 3 quand $\frac{V}{v}$ croît de $\frac{3}{2}$ à 2 ou de 3 à 4, on serait conduit à conclure que $\frac{G^2}{D^2}$ est proportionnel à $\left(\frac{V}{v}\right)^4$, ou que $\frac{V}{v}$ est proportionnel à $\sqrt[4]{\frac{G^2}{D^2}}$, (A), car $\left(\frac{3}{4}\right)^4 = \frac{81}{256}$ qui diffère peu de $\frac{1}{3}$. Cette déduction est probablement exagérée et p est sans doute compris entre 3 et 4. Nous croyons cependant rester dans la limite d'une approximation suffisante en admettant le dernier chiffre, qui s'accorde assez bien avec le rôle militaire des qualités giratoires.

D'après ce que nous avons dit Ω est fonction de $\frac{\sqrt[p]{G^2}}{\sqrt{G^2}}$, qui devient ici $\frac{\sqrt[4]{G^2}}{\sqrt{G^2}}$ ou $\frac{1}{\sqrt[4]{G^2}}$. Par conséquent, c'est la quatrième puissance de Ω qui contiendra G^2 à la première puissance, et le coefficient cherché sera de la forme :

$$\frac{K}{l^2} + \frac{K'}{\Omega^4}$$

L'importance accordée à Ω aura une sanction si, en déterminant convenablement les constantes, les variations des deux termes paraissent concorder avec les résultats réalisables en pratique.

Le grand cuirassé qui jusqu'à présent aurait montré les plus belles qualités giratoires serait le *Thunderer* [2], qu'on prétend avoir tourné en 4′1″ dans un cercle de 298 mètres de diamètre. Si partant de ce résultat on admet qu'un diamètre de 300 mètres est aussi satisfaisant qu'une durée de parcours de 4′, on trouverait, d'après la loi adoptée, qu'une durée de 5′ équivaut à un cercle de 470 mètres, ce qui n'a rien d'absurde. Si l est exprimé en mètres et Ω en secondes, il suffira, pour obtenir l'équivalence des deux termes, de prendre $K = 3$ et $K' = 11 \times 10^4$, et l'expression deviendra

$$\frac{3}{l^2} + \frac{11 \times 10^4}{\Omega^4}.$$

---

[1] *Manœuvres des combats sur mer.* (*Revue maritime*, mai 1876, p. 328, 329 et 331.)
[2] Les résultats plus brillants avancés pour le *Deutschland*, paraissent suspects. (Voir la *Revue maritime* de mai 1876, p. 333.)

13. On remarquera que, dans ce qui précède, nous n'avons fait aucun avantage au bâtiment à deux hélices, car Ω correspond toujours au cercle parcouru avec les machines en avant. La faculté de pouvoir tourner sur place n'est certainement pas négligeable, mais nous admettrons qu'elle est compensée par le désavantage corrélatif d'une situation en général plus exposée pour le propulseur [1]. Quant aux évolutions exécutées avec de la vitesse, le navire à deux hélices ne pourrait avoir à cet égard aucune supériorité, le *Bouledogue* décrit son cercle de plus petit diamètre (252 mètres) lorsque ses deux hélices marchent en avant.

Cette observation n'implique pas de notre part l'opinion que l'hélice unique soit préférable, car le double propulseur possède, sur le tirant d'eau et la subdivision en compartiments étanches, une influence favorable, dont tiennent compte, implicitement au moins, les évaluations de ce travail, et qui nous paraît militer en faveur de son adoption.

14. Si la valeur de l'éperon est multipliée par l'agilité du navire qui le porte, elle dépend aussi de sa forme, qui lui permet, quand elle est convenable, de chercher le défaut de la protection de l'adversaire, d'atteindre son hélice ou son gouvernail. Cette influence de la forme sera exprimée par un coefficient ξ, nul pour les bâtiments manquant des consolidations qui permettent le combat par le choc, et prenant les valeurs suivantes, pour les formes d'avant désignées ci-dessous :

Étraves droites	5
Éperons des bâtiments anglais et du type *Tonnerre*	7
Éperons du type *Marengo*	8
Éperons du type *Redoutable*	9

Chaque marine trouvant naturellement que la forme d'éperon qu'elle a adoptée est la meilleure, ces cotes pourront paraître favorables à la France. Mais la raison principale qu'invoquent ceux qui repoussent les éperons proéminents, c'est qu'une grande saillie augmente le diamètre d'évolution. S'il en est ainsi, les bâtiments français ont dû subir, à propos des qualités giratoires, une dépréciation correspondant à l'avantage qui leur est maintenant accordé. D'autre part, un éperon saillant coûte un

---

[1] M. l'amiral Bourgois insiste sur la vulnérabilité du double propulseur : « Au point de vue de leur sécurité, ces hélices seront toujours dans une situation moins favorable que l'hélice unique et centrale, quelle que soit la forme de la poupe et l'étendue de la protection qu'elle offre aux propulseurs. » Nous ferons observer qu'il est possible de tracer un bâtiment dont les deux hélices soient aussi défendues par la forme de la poupe, que l'hélice unique d'aucun des cuirassés existants.

plus grand poids qu'un éperon court, ce qui montre en somme que s'il est plus efficace, il est aussi plus dispendieux.

15. Enfin, dans certains cas, l'importance de l'avarie causée par l'éperon dépend de la violence du choc; considération qui a son importance, puisqu'il faut généralement, pour couler un bâtiment, que l'éperon agresseur pénètre jusqu'aux cloisons longitudinales qui le protégent latéralement. Le coefficient relatif à la durée de l'évolution contenant déjà au moins le carré de la vitesse, il suffirait d'introduire dans l'expression la masse ou le déplacement Δ du navire, pour que la puissance de l'éperon fût complétement définie. Comme la violence du choc n'intervient guère lorsque l'éperon attaque l'hélice ou le gouvernail ennemis, nous avons cru devoir atténuer l'influence du déplacement dans la formule, et nous n'y avons fait figurer que $\sqrt{\Delta}$.

La puissance de l'éperon sera par suite représentée par le produit :

$$\left(\frac{3}{l^2} + \frac{11 \times 10^4}{\Omega^4}\right) \xi \sqrt{\Delta}.$$

16. *Torpilles.* — On ne peut guère à l'heure actuelle tenter de mesurer la valeur des différents systèmes de torpilles installés à bord des bâtiments. Cette valeur dépend non-seulement des charges de poudre employées, mais surtout des solutions adoptées pour faire éclater la charge au point où elle produira son maximum d'effet contre l'ennemi. Les torpilles *portées* qui arment les embarcations et l'avant du *Pierre-le-Grand*, obligent le bateau qui s'en sert à venir au contact de l'ennemi, les autres frappent l'ennemi à distance ; les torpilles *remorquées* participent au mouvement du navire, les torpilles *automobiles* en sont plus indépendantes. Chacune de ces trois catégories a ses subdivisions : dans la première, les torpilles peuvent être portées à l'avant, par côté ou à l'arrière; dans la seconde, elles peuvent être de *traine* ou *divergentes*; dans la troisième, elles peuvent être lancées par l'avant, le travers ou l'arrière. De plus, les dispositions mécaniques adoptées dans chaque pays pour l'installation de ces engins sont différentes.

Tout ce qu'on peut dire c'est que les trois systèmes sont à peu près classés, dans l'énumération que nous avons faite, par ordre de valeur; c'est là à peu près aussi l'échelle des poids et des prix de revient. Cependant nous devons remarquer que le *Pierre-le-Grand* se précipitant sur un navire armé simplement de torpilles divergentes, touchera sa coque avec sa propre torpille avant d'avoir rencontré les flotteurs de son adversaire, et pourra le couler avant d'être atteint lui-même. C'est-à-dire que les torpilles portées confèrent à l'avant sous toutes les incidences la puissance que l'éperon possède seulement quand il frappe à peu près normalement. Le même avantage appartient à un plus haut degré à la torpille Whitehead, qu'on a appelée « un puissant éperon d'une centaine de mètres de longueur »[1].

Nous ne croyons pas qu'on doive en principe placer les torpilles portées de vaisseaux au-dessus des torpilles divergentes, parce que ces dernières ont la propriété, qui leur est spéciale, de créer autour du navire qui en est muni une zone protectrice. Les torpilles divergentes possèdent à la fois des qualités offensives et défensives, tandis que les torpilles sur espars, les torpilles Whitehead de chasse, sont essentiellement des engins d'attaque, et au contraire les torpilles Whitehead de retraite et les torpilles de traîne des moyens de protection.

Quoique les trois catégories dans lesquelles on comprend les différents systèmes de torpilles connus soient bien tranchées, il ne serait pas équitable de mettre sur le même plan les différents modèles employés dans chaque classe. La torpille *à aiguille*[2] française, par exemple, est certainement très-supérieure à la torpille Harvey, dont M. l'amiral Bourgois a fait ressortir les inconvénients[3], et la torpille Whitehead d'autant plus puissante que sa vitesse est plus grande.

Nous arrivons donc à cette conclusion, que l'effet à attendre de l'explosion d'une charge donnée, dépend plutôt du maniement et de l'installation adoptée que du poids même de cette charge[4]. Il faut frapper juste avant de frapper fort; un navire sera mieux armé avec une torpille divergente de 20 kilogr. de chaque bord qu'avec une seule de 40 kilogr. Cela nous conduit à observer que les torpilles sont presque toujours disposées par paires: les torpilles divergentes, comme les canons de batterie, parce qu'il faut armer également chacun des deux bords; les torpilles de chasse et de retraite, parce que l'éperon et la mèche du gouvernail ne permettent pas d'installer le tube de lancement dans l'axe même du navire. On n'a donc pas à se préoccuper du nombre des appareils disposés dans chaque situation. Il faut naturelle-

---

[1] *Manœuvres des combats sur mer.* (*Revue maritime* de juin 1876, p. 824.)
[2] Le flotteur Albaret muni de la torpille Chauvin de la Chauvinière.
[3] *Manœuvres des combats sur mer.* (*Revue maritime* de juin 1876, p. 803.) Voir aussi l'*Année maritime* pour 1876, p. 312.
[4] Nous avons admis que les poudres employées étaient dans tous les cas des substances explosives d'énergie à peu près équivalente.

ment faire exception pour les torpilles de canot, qui peuvent être installées sur un nombre plus ou moins grand d'embarcations.

Quelquefois, comme c'est le cas pour le *Duilio* et le *Dandolo*, le bateau-torpille est disposé de manière à pouvoir, prétend-on, être lancé en marche. La torpille qui arme ce bateau constitue donc une arme dont le navire peut disposer pendant le combat. Lorsque le lancement pourra être effectué sans ralentissement du grand navire, quand le bateau possédera une marche aussi rapide que le bâtiment, la valeur intrinsèque de l'engin pourra être appliquée intégralement au vaisseau qui récèle le *torpilleur* dans ses flancs. Autrement il y aurait à opérer les réductions convenables.

Enfin la vitesse U des torpilleurs doit intervenir lorsqu'elle dépasse la vitesse moyenne des embarcations d'un navire. Si l'on fixe cette moyenne à 5 nœuds, la valeur que nous avons attribuée aux torpilles de canot devra être multipliée par le rapport $\frac{U}{5}$ pour un bateau à grande vitesse comme ceux qui sortent des chantiers Thornycroft.

17. En conséquence des observations qui précèdent, nous avons considéré la puissance θ d'un navire au point de vue des torpilles, comme la somme des produits relatifs à chaque espèce de torpille ; ces produits eux-mêmes étant fonction à la fois de la racine carrée de la charge explosive π et d'un coefficient τ destiné à représenter l'efficacité du système adopté :

$$\theta = \Sigma \tau \sqrt{\pi}$$

Le coefficient τ a été fixé ainsi qu'il suit pour les principales espèces de torpilles usitées actuellement :

Torpilles portées	d'embarcations		1
	système du *Pierre-le-Grand*		8
Torpilles remorquées	divergentes	d'embarcations	1
		Harvey	7
		à aiguille	10
	de traîne française		5
Torpilles Whitehead	d'embarcations		2
	de chasse	de 9 à 10 nœuds	8
		de 18 à 20 nœuds	12
	de retraite		6

On voit que nous avons attribué une importance à peu près deux fois moindre aux torpilles de retraite qu'aux torpilles offensives, car les premières ne trouvent guère leur emploi que dans le cas où un des bâtiments prend chasse devant l'autre, ce qui sera toujours l'exception dans un combat naval.

18. *Artillerie.* — La puissance de l'artillerie est avant tout fonction du nombre et de la valeur des canons, de leur distribution et de leur installation à bord, de la fixité de la plate-forme sur laquelle ils tirent.

L'unité qui doit servir à apprécier cet ensemble complexe est évidemment la valeur individuelle du canon, dont nous allons d'abord chercher la mesure.

Cette mesure dépend non-seulement du canon lui-même, mais aussi du service auquel il est destiné. Contre une cuirasse, le canon de 100 tonneaux vaut mieux que 25 pièces de 4 tonneaux ; contre un croiseur, un grand nombre de petites pièces est plus efficace que le même poids concentré en quelques bouches à feu. Un exemple récent montre combien les canons perdent de leur valeur quand on leur fait jouer un rôle autre que ne le comporte le bâtiment qu'ils arment. Dans le combat du *Huascar* et du *Shah*, les boulets du cuirassé, trop peu nombreux, n'ont pu atteindre les parties vitales du croiseur ; les obus du croiseur ont été presque tous impuissants à percer le blindage du monitor. Nous devrons donc diviser les pièces en deux catégories, suivant le rôle qu'elles sont appelées à remplir.

19. Pour les pièces destinées à l'attaque des cuirassés, nous aurons simplement recours à la considération de la force vive développée par centimètre de circonférence, quantité dans laquelle on s'accorde actuellement à chercher l'indication de la valeur des canons. Cela ne veut pas dire que la mesure cherchée sera ce quotient lui-même, qui n'est peut-être pas proportionnel à la valeur des pièces. Pour élucider ce point, nous nous adresserons à un autre ordre d'idées.

La valeur militaire d'un canon, indépendamment de l'objectif auquel il est destiné, est étroitement liée à sa valeur pécuniaire. Si toutes les pièces étaient construites avec la même matière et dans le même système, le prix ne croîtrait pas beaucoup plus vite que le poids dans la fabrication courante et l'on pourrait prendre à peu près indifféremment le prix ou le poids pour mesure de la valeur du canon.

C'est parce qu'il n'en est pas ainsi en réalité qu'on a adopté un autre mode d'évaluation. Cependant l'erreur qu'on commettrait en prenant le poids des pièces pour base de la mesure de leur valeur, n'est pas assez grande pour qu'on ne puisse pas tirer des indications utiles de la comparaison de ces poids aux puissances de la force vive par centimètre de circonférence que nous appellerons φ.

Cette comparaison se trouve faite sur un diagramme [1] qu'on a établi en prenant les poids pour abscisses et pour ordonnées les valeurs de φ et $\varphi^{\frac{3}{2}}$.

A priori, la mesure cherchée doit-elle être exactement proportionnelle au poids du canon ? Pas tout à fait, car alors il serait indifférent d'armer un bâtiment avec deux pièces de 15 tonneaux ou une pièce de 30 tonneaux, tandis qu'au contraire on s'efforce de concentrer la fraction de l'armement destinée à l'attaque des cuirasses, en quelques pièces du plus gros calibre existant au moment de la construction du navire. Il faut donc donner l'avantage aux gros canons. Or, on voit, d'après les deux courbes qui résument la loi de variation des deux systèmes d'ordonnées du diagramme, que les valeurs de φ augmentent en moyenne moins vite, et celles de $\varphi^{\frac{3}{2}}$ un peu plus vite que les poids. La première puissance φ ne peut donc convenir : nous avons adopté la puissance $\frac{3}{2}$, qui remplit la condition cherchée et se trouve liée d'une façon simple à la valeur protectrice de la cuirasse comme nous le verrons plus loin.

20. Pour mesurer l'effet utile des pièces qui ne tirent que des obus, il n'est pas illogique de faire intervenir le calibre, comme dans le cas des perforations de murailles résistantes, car la pénétration dans le milieu constitué par l'air est en relation avec la portée et la justesse, et paraît d'autant plus facile que le projectile est plus allongé. Cependant il faut remarquer qu'à poids et vitesse égaux, le projectile du plus petit calibre pourra n'être pas toujours le plus juste, si l'inclinaison des rayures et par suite la vitesse de rotation n'est pas suffisante pour assurer sa stabilité ; que d'autre part, à volume égal, l'obus de gros calibre est celui qui, pour la même résistance des parois, pourra contenir la plus grande charge d'éclatement. En résumé, si la réduction du calibre a encore son intérêt pour les pièces qui tirent des obus, les avantages qu'elle procure peuvent être contre-balancés par des inconvénients : aussi n'avons-nous pas accordé, cette fois, autant d'influence au calibre.

Pour obtenir l'expression appropriée au cas présent, nous avons dû avoir recours à une nouvelle courbe. Sur le diagramme qui nous a

---

[1] Voir la fin de l'Introduction

servi tout à l'heure, nous avons porté une troisième série d'ordonnées, ce sont les forces vives totales $\Phi = \dfrac{Pv^2}{2g}$. On voit que ces quantités sont sensiblement proportionnelles aux poids des pièces. Or, les pièces les plus petites, prises en assez grand nombre pour présenter un total de forces vives égal à la force vive d'un canon plus gros, ont moins de portée et de justesse, réunissent une charge d'éclatement totale moindre, et enfin n'offrent pas l'avantage de concentrer en un point une force d'impact considérable, ce qui peut avoir son utilité, même avec les obus [1]. En revanche, les pièces légères se chargent plus rapidement que les grosses [2], avantage capital à petite distance, alors que le pointage prend moins de temps que le chargement, tandis que les effets du tir sont plus meurtriers qu'à grande portée. Ainsi dans la catégorie des pièces tirant des obus, les avantages et les inconvénients d'une grande division du poids total des bouches à feu se balancent plus ou moins. C'est ce qui explique que les croiseurs actuels ne soient pas en général armés d'un calibre unique, et portent, outre leurs pièces légères, quelques canons de plus gros calibre, peu nombreux il est vrai, mais dont le poids total forme une fraction notable du poids d'artillerie du bâtiment. Bien que la tendance du moment soit de faire dominer le nombre plutôt que la grandeur du calibre, on ne peut pas oublier, en voyant de l'autre côté du détroit l'*Inconstant*, avec ses dix pièces de 12 tonneaux, détrôné par le *Shah* armé surtout de pièces plus légères, que l'*Inconstant* est d'hier et qu'il sera peut-être préféré demain à son rival, aux applaudissements de M. Reed [3].

Nous trouvons donc, d'une part, qu'évaluer la puissance des obus au moyen de la force vive par centimètre de circonférence serait donner une trop grande importance au calibre; de l'autre, qu'il conviendrait de choisir une mesure à peu près proportionnelle au poids des pièces. Nous avons cru satisfaire à cette double condition en adoptant pour valeur de l'efficacité des projectiles, quand ces derniers sont des obus, une moyenne entre $\varphi^{\frac{3}{2}}$ et Φ. Nous ramènerons cette moyenne

---

[1] « L'obus d'un gros canon est beaucoup plus puissant que l'obus d'une pièce légère ». (*Captain Scott, Transactions of naval Architects* pour 1875, p. 127.)
[2] Nous ne parlons ici que des canons pesant moins de 12 tonneaux, c'est-à-dire manœuvrés à bras d'hommes, car les canons plus gros, grâce à leurs mécanismes perfectionnés, ont une vitesse de chargement à peu près indépendante de leur grandeur.
[3] Voir l'*Engineering* du 17 août 1877, p. 129 et 130.

à l'unité adoptée pour φ, ce qui nous conduira à lui donner la forme :

$$\frac{1}{2}\left(\varphi^{\frac{3}{2}} + 0,055\,\varphi\right).$$

21. La valeur de l'unité étant déterminée, nous pouvons examiner la manière dont cette unité est mise en œuvre pour constituer la puissance offensive due à l'artillerie. Commençant par les cuirassés, nous allons chercher à analyser les différentes situations qui peuvent se présenter pour un bâtiment aux prises avec l'ennemi.

Le cas le plus général est celui où un bâtiment n'a pas à tirer simultanément sur plusieurs navires ennemis. La bataille de Lissa a montré qu'il est rare, même dans une mêlée, qu'un bâtiment puisse être aux prises avec deux adversaires à la fois, sans avoir le temps de recharger les canons qu'il vient de tirer sur le premier, pour les diriger sur l'autre[1]. La facilité avec laquelle, grâce à la vapeur, les navires actuels se joignent et se quittent a permis aux Autrichiens de ne dépenser leurs projectiles qu'en bordées « convergentes » : s'ils avaient eu affaire à plusieurs ennemis en même temps, il eût bien fallu user d'un tir divergent. C'est d'ailleurs au point de vue surtout du combat singulier que paraissent conçus les plans des navires actuels.

22. Il est admis aujourd'hui que deux navires, du plus loin qu'ils se verront, se précipiteront l'un sur l'autre[2]. Dans cette première phase du combat, les deux commandants seront également attentifs à mettre chacun exactement le cap sur l'adversaire ; l'effet de ces deux volontés concourant au même but sera de maintenir presque exactement les deux mâtures dans le même plan ; d'où résultera une très-grande facilité pour le tir en direction. Le tir en hauteur lui-même sera aisé dès que la distance ne sera plus trop grande, la zone dangereuse ayant la longueur du bâtiment attaqué, c'est-à-dire une centaine de mètres. Les coups porteront donc pour la plupart, et ceux qui atteindront, rencontreront des régions importantes, quelquefois même vitales, dans leur parcours en enfilade. Il faut ajouter que les pièces démontées avant l'abordage

---

[1] Voir les rapports officiels (*Revue maritime* de mars 1867, p. 551), qui montrent en particulier (p. 587), le *Kaiser* engagé avec cinq cuirassés ennemis, et ayant néanmoins la liberté de consacrer deux bordées successives au même bâtiment l'*Affondatore*. Les rencontres de ce dernier avec le *Kaiser* (p. 567-568) sont plutôt ce qu'on attendrait d'un combat singulier que d'une mêlée.

[2] *Études sur les manœuvres des combats sur mer*, chap. XI.

seront paralysées tout à l'heure dans le passage à contre-bord, et que l'adversaire adroit profitera par le travers de l'efficacité de son tir en chasse. Le tir en chasse a donc une grande valeur [1].

Le tir en belle n'en a pas moins, car les deux adversaires s'élongeront mutuellement, d'assez près quelquefois pour que les volées des pièces en saillie soient emportées, comme à la bataille de Lissa [2]. C'est alors qu'auront lieu les coups d'embrasure avec les petits calibres, et les coups plus terribles encore que dirigeront les gros canons contre la cuirasse de l'adversaire. Les boulets lancés à bout portant frapperont avec leur maximum de puissance, mais trop haut, bien souvent, pour atteindre le can inférieur de la cuirasse ou le moteur. Il serait difficile, en résumé, de décider lequel est le plus efficace du tir en chasse ou du tir en belle : nous leur attribuerons à tous deux la même importance, qui nous servira de base pour apprécier par comparaison celle des autres genres de tirs. C'est-à-dire que nous prendrons simplement comme valeur des tirs en chasse et en belle, la somme des valeurs des pièces pouvant être pointées dans ces directions.

Le tir en retraite parait comporter le même genre de précision que le tir en chasse ; mais il n'a guère lieu de s'exercer que dans une poursuite : deux bâtiments qui viennent de s'élonger en cherchant à se donner le choc mutuellement modifient leur direction dès l'instant que les éperons se sont croisés, pour chercher à atteindre le propulseur et le gouvernail ennemi, et ensuite pour virer et retourner sur l'adversaire. Le tir s'effectuera alors dans une série de directions à chaque instant variables, jusqu'à ce qu'il redevienne le tir en chasse et qu'une seconde passe ramène les mêmes péripéties [3]. Aussi s'explique-t-on très-bien que dans la pratique on accorde beaucoup moins d'attention au tir en retraite qu'aux deux autres tirs. Le *Redoutable*, qui tire cinq pièces en chasse et quatre en belle, n'en peut pointer que trois en retraite directe ; le *Foudroyant*, armé de deux calibres différents, ne tire en retraite que ses

---

[1] Voir dans les *Manœuvres des combats sur mer*, chapitre X, des considérations relatives au tir en chasse et en belle qui confirment les nôtres. Seulement M. l'amiral Bourgois est d'avis que les cuirasses seront trop obliquement frappées dans le tir en chasse pour qu'il y ait perforation. (*Revue maritime* de mai 1876, p. 369. Nous ferons observer que les cuirasses pourront être percées sur les tourelles, sur les réduits dont les cloisons transversales se présentent normalement et quelquefois aussi sur les murailles protégeant les parties vitales quand celles-ci seront défendues par une citadelle centrale, comme c'est le cas pour le *Duilio* et le *Nelson*.

[2] Particularité que les Autrichiens ont invoquée à propos du *Tegethoff* pour donner à la muraille du réduit en abord des contours rentrants par le travers des sabords.

[3] *Études sur les manœuvres des combats sur mer*, chap. XI.

deux canons de 27 tonneaux, tandis qu'il met en ligne pour le tir en chasse quatre, et pour le tir en belle trois canons, dont deux pèsent 47 tonneaux [1]. Certains bâtiments ne possèdent même aucune pièce tirant en retraite, l'*Independenzia* par exemple.

Les nouveaux navires anglais du type *Inflexible*, dans lesquels la continuité des formes est sacrifiée au tir des canons et où, par conséquent, les dispositions adoptées sont, non pas un compromis entre les exigences de l'artillerie et celles de la mâture et de la navigation, mais le résultat d'intentions réfléchies, présentent quatre pièces en chasse et en belle, et deux seulement en retraite. Nous adopterons cette dernière pondération du tir dans les trois directions principales; d'abord, parce qu'elle a été choisie à l'abri de préoccupations étrangères, et ensuite parce qu'elle est la plus simple. Le tir en retraite aura donc un coefficient moitié de celui qui est affecté aux deux autres directions ou, en d'autres termes, on n'additionnera que la moitié de la somme des puissances des pièces, pour avoir la valeur de ce tir.

23. Nous ne nous sommes pas inquiété dans l'appréciation des tirs en chasse, en belle et en retraite, de la question de savoir s'ils étaient exécutés avec les mêmes pièces ou avec des pièces différentes. Et pourtant il est évident qu'un navire qui n'a qu'une pièce, toujours la même, à consacrer à ces différents tirs est moins bien armé que celui qui peut placer une pièce distincte à chaque poste important. Nous avons signalé une circonstance dans laquelle le tir pouvait avoir lieu obliquement, c'est-à-dire dans des directions autres que les trois principales que nous venons de considérer; ce n'est pas la seule, et un bâtiment dont les pièces jouissent de grands champs de tir obtient de ce chef un avantage spécial dont nous devons tenir compte.

Dans quelle proportion les symboles représentant la valeur de la multiplicité des pièces et de l'extension des champs de tir, doivent-ils augmenter la puissance de l'artillerie? C'est ce que nous apprendra l'examen des conditions de la lutte entre cuirassés, telles que l'exemple de Lissa autorise à les conclure des études de M. le vice-amiral Bourgois, telles qu'elles sont apparues, le 5 août 1874, lorsque M. le vice-

---

[1] Nous omettons ici les pièces de petit calibre dont les cuirassés français sont abondamment pourvus. Ce n'est d'ailleurs pas par nécessité que le tir en retraite a été moins bien traité que les autres; car il eût été facile, si on l'eût voulu, de tirer en retraite de la batterie, la rentrée étant la même à l'arrière qu'à l'avant.

amiral Touchard fit exécuter un simulacre de combat par l'escadre d'évolutions[1].

A la bataille de Lissa, l'amiral Persano qui commençait le feu « à peine à portée », n'a obtenu aucun résultat d'un tir indistinctement continu. Il est probable qu'à l'avenir on suivra plutôt l'exemple de l'amiral Tegethoff, qui ne tirait qu'à coup sûr. Or, tirer à coup sûr dans les rencontres que discutent les *Manœuvres des combats sur mer*, c'est envoyer une bordée en chasse un instant avant le choc, et une autre pendant le passage à contre-bord. Durant l'évolution qui suivra, on rechargera les pièces et on attendra la nouvelle rencontre pour tirer de nouveau à bout portant. On n'aurait avantage à tirer pendant l'évolution que si les pièces pouvaient être rechargées une seconde fois avant le choc. Mais M. l'amiral Bourgois ne croit pas que les grosses pièces puissent tirer plus d'un coup toutes les quatre minutes[2] dans le combat; M. l'ingénieur Dislère abaisse ce chiffre à trois minutes environ pour des pièces tirant dans les meilleures conditions[3]. On sera donc, une fois les pièces rechargées, bien près de la fin de l'évolution, puisqu'on cite des cuirassés qui décrivent un cercle complet en moins de quatre minutes. Dans le cas même où les deux bâtiments auront tourné du même côté après leur glissement à contre-bord, et se retrouveront de nouveau après avoir décrit un demi-cercle[4], les pièces de gros calibre n'auront pas eu le temps d'être rechargées. On voit donc que dans le combat singulier, il y aura peu de place pour le tir oblique.

Cependant les manœuvres des bâtiments ne se feront pas toujours comme s'ils n'avaient d'autre arme que l'éperon et seront peut-être influencées précisément par des considérations relatives à l'artillerie. Dans la circonstance que nous citions tout à l'heure où les deux cuirassés aux prises seraient exposés à se rejoindre avant d'avoir rechargé leurs grosses pièces, un bâtiment dépourvu d'artillerie légère aurait avantage à reprendre du champ avant de se précipiter de nou-

---

[1] Nous avons été assez heureux pour assister à cette belle expérience qui est relatée par M. le vice-amiral Touchard dans sa brochure : *Encore la question de décuirassement*. (*Revue maritime* d'août 1876, p. 328.)

[2] *Revue maritime* de mai 1876, p. 369. — Dans une discussion qui a suivi une lecture faite, le 30 juin 1876, à l'*United service Institution*, p. 492, le *Captain* Scott confirme cette évaluation : « Relativement aux essais du canon de 38 tonneaux, à Schœburyness, je prendrai la liberté de faire remarquer que sa vitesse moyenne de tir, y compris les arrêts, a été de 4 minutes et demie par coup. » (*The maritime defense o ngland including offensive and defensive warfare.*)

[3] *La guerre d'escadre et la guerre de côtes*, p. 142 et 160.

[4] *Manœuvres des combats sur mer*. Chapitre X.

veau sur l'ennemi, afin de ne pas se trouver, au moment de la rencontre, exposé sans défense au feu de ses petites pièces. Si l'autre, au contraire, vire aussitôt, les deux navires se relèveront obliquement pendant quelques minutes. Prenons un autre exemple : lors du croisement à contre-bord, la manœuvre indiquée consiste à porter la barre du côté opposé à l'adversaire pour chercher à atteindre son propulseur; cependant, un bâtiment à batterie qui vient, supposons, de décharger ses pièces de bâbord sur l'ennemi qui le croise, pourra être conduit à venir sur tribord afin de lui envoyer, avant de le quitter, une bordée de ses pièces de hanche de tribord.

Mais ce sont là des cas particuliers qui ne suffisent pas à expliquer pourquoi l'extension des champs de tir est l'objet d'une si grande sollicitude de la part des constructeurs. Il ne faut pas perdre de vue que le principal avantage demandé à un grand champ de tir est celui de pouvoir tirer à la fois dans plusieurs directions cardinales, et qu'on n'hésite pas à le diminuer quand on arrive par là à mieux dégager ces tirs importants, témoin l'*Inflexible*, dont les champs de tir eussent pu être plus étendus, avec le même volume de superstructures, si on n'avait pas excentré les tourelles[1]. M. Scott Russell[2], reprenant une idée que nous ne croyons pas nouvelle, a récemment demandé que les pièces fussent installées, complétement dépourvues de champ de tir, dans des directions fixes par rapport au bâtiment, proposition qui peut se défendre, aujourd'hui que le but vient lui-même par sa mobilité se placer devant les canons. Dans le simulacre de combat du 5 août 1874, on avait constaté que les pièces de batterie, qui toutes tiraient par des sabords ordinaires découpés dans la muraille extérieure, devaient être pointées à l'avance et tirées au moment où l'ennemi passait devant le sabord ; cela tient à ce que ces sabords, ayant leur axe de symétrie transversal, ne permettaient le tir que dans le passage à contre-bord et, dans ce cas, la distance était trop faible pour que le pointage en direction pût se faire aussi rapidement qu'avait lieu le déplacement de l'ennemi. Ce fait suffit à démontrer la supériorité des sabords d'angle, qui permettent dans l'attaque à l'éperon de tirer deux coups, l'un dans l'axe et l'autre en travers.

[1] L'angle mort d'un canon est, sur l'*Inflexible*, de 115 à 120°; sur le *Krokodil*, monitor hollandais, qui porte des superstructures presque aussi importantes, relativement, que celles du grand cuirassé anglais, l'angle mort de chaque canon est seulement de 60°. Voir la *Revue maritime* de juin 1876, p. 929.

[2] Lecture à l'*United service Institution*, le 12 juin 1877, n° XCI.

Quoi qu'il en soit, l'ingérence des torpilles dans la guerre maritime, en rendant plus rares les abordages, devra multiplier les occasions où il est utile de pouvoir porter le plus de pièces possible dans une direction donnée quelconque. C'est ainsi que dans le simulacre de combat déjà cité, les bâtiments évitant naturellement de se rencontrer, suivaient des routes parallèles, ce qui donnait aux canons installés en barbette l'occasion de tirer une fois obliquement avant le moment du croisement, où ils étaient ramenés par le travers. Mais cette remarque n'infirme pas les considérations que nous avons invoquées pour étudier le combat de deux cuirassés ; du moins ce nous paraît être l'avis de M. le vice-amiral Bourgois lorsqu'il écrit : « Il semble donc que les manœuvres des bâtiments à éperon armés de torpilles remorquées ne doivent pas différer beaucoup de celles des navires à éperon dont il a été question dans le cours de cette étude[1] », et plus loin : « En résumé, il semble que l'emploi de la torpille Whitehead par l'avant ne donne pas lieu à d'autres manœuvres que celles des combats par l'éperon[2]. »

Dans les rencontres par l'éperon, nous l'avons vu, les coups décisifs seront tirés au moment de la rencontre ; chaque pièce ne pourra donc tirer qu'un seul coup et l'avantage appartiendra à celui qui pourra mettre le plus de pièces en ligne dans le secteur traversé par l'ennemi. Le nombre total des pièces entre quelquefois directement en cause : il pourra arriver que, pour un canon orienté d'une façon quelconque, les occasions de tirer se succèdent plus rapidement que les coups ne sont chargés ; le cuirassé qui l'emporte par le nombre des bouches à feu tirera, dans ce cas, plus de coups efficaces par unité de temps qu'un autre dans lequel la puissance de l'artillerie serait plus concentrée. M. Reed, dans son livre *Our iron clad Ships* faisait ressortir la supériorité de l'*Hercules* sur le *Captain*, au point de vue du tir simultané, par une figure sur laquelle on voyait que celui-ci ne pouvait pas viser plus de deux buts en même temps, tandis que le cuirassé à batterie paraissait couvrir tout l'horizon à la fois de ses projectiles. Pour que la propriété dont jouissait l'*Hercules* puisse trouver sa place, il ne faut pas que les cuirassés ennemis ne fassent que passer à côté du bâtiment qui veut leur faire sentir le poids de son artillerie, comme c'est le cas dans un combat naval ; il faut que les agresseurs réunis dans une pensée commune parviennent à effectuer une attaque simultanée et arrivent,

---

[1] *Revue maritime* de juin 1876, p. 808.
[2] *Idem*, p. 823.

au même instant, sur le bâtiment dont ils veulent faire le siége. Tel pourra être le cas d'une attaque d'embarcations porte-torpilles. Les bâtiments à batterie auront encore l'avantage dans une autre circonstance, lorsqu'il s'agira de forcer une passe et, par suite, de tirer des deux bords sur les ouvrages de l'ennemi.

La faculté de répondre le mieux possible à l'attaque simultanée de plusieurs adversaires dépend, *à priori*, puisqu'on ne connaît pas les directions dans lesquelles arriveront les agresseurs, du nombre total des pièces formant l'armement. C'est donc un multiple ou une fraction de ce nombre qui nous servira, dans tous les cas, à exprimer la valeur de la multiplicité des canons.

Pour mesurer la part qui revient au champ de tir, on ajoutera, pour chaque calibre, à la somme des chiffres représentant la valeur des tirs principaux et de la multiplicité des pièces, un nombre d'unités proportionnel au champ de tir de ce calibre. De même qu'on a donné plus d'importance au tir en chasse qu'au tir en retraite, on croit devoir aussi affecter le champ de tir ménagé en avant du travers d'un coefficient plus élevé que celui qui est attribué au champ de tir disponible en arrière. Mais la différence ne sera pas aussi accentuée, car le tir en retraite répond au cas particulier d'une poursuite, tandis que le tir en arrière du travers aura occasion de s'exercer dans les passages à contre-bord; aussi prendra-t-on $\frac{2}{3}$ pour rapport des deux nouveaux coefficients au lieu de $\frac{1}{4}$. Cette distinction paraît être observée dans la pratique. Sur le *Redoutable* et le *Foudroyant* on a renoncé au tir direct en retraite des canons de la batterie pour leur donner une vue plus étendue sur l'avant du travers; on a supprimé sur le *Sultan* les sabords de hanche que présentait la batterie de l'*Hercules*, tout en conservant les sabords de joue ; sur l'*Inflexible* enfin, où les contours de superstructures ont été tracés de manière à distribuer les champs de tir le plus avantageusement possible, le champ de tir avant dépasse de 70° le champ de tir arrière [1].

Lorsque plusieurs sabords sont affectés à une même pièce, il ne serait pas équitable, pour obtenir la valeur du champ de tir, d'additionner les angles de pointage horizontal que permet chacun des sabords. C'est ainsi que le *Foo-so*, cuirassé japonais dont les plans sont dus à M. Reed, porte au-dessus de son fort central, en abord, deux pièces

---

[1] Champ de tir avant, 52°; champ de tir arrière, 150°.

pouvant tirer en chasse, en belle et en travers par trois sabords [1]. Cet arrangement peut présenter un avantage défensif, mais on ne prétendra pas que la pièce ainsi installée jouisse d'un champ de tir de 180°, aussi bien que les canons de gaillard du *Friedland* et du *Colbert* qui se meuvent sur une circulaire unique. On peut en dire autant du *Hotspur*, dont le pointage en direction est effectué par le concours de deux appareils séparés, une plate-forme tournante et une circulaire appliquée sur cette plate-forme ; il sera à propos de distinguer les avantages dus à la plate-forme, c'est-à-dire les valeurs du tir en chasse et en belle, et le déplacement du châssis que comportent la circulaire ou les sabords, ce qui revient au même. En un mot, lorsqu'une pièce desservira plusieurs sabords, nous noterons les tirs cardinaux qu'elle possède au prix d'un changement de pivot, mais en ne lui comptant comme champ de tir que la moyenne des angles de pointage latéral possibles pour chaque sabord [2].

23. Le raisonnement ne nous permet pas d'aller plus loin ; nous ne pourrons conclure qu'en appelant à notre aide la comparaison de quelques compositions d'artillerie bien distinctes les unes des autres. Supposons quatre navires portant tous des canons de même calibre et appartenant aux classes suivantes : 1° genre *Tonnerre*, deux canons embrassant tout l'horizon ; 2° genre *Redoutable*, quatre pièces dans des sabords d'angle ayant chacun 90° de champ de tir ; 3° type *Devastation*, quatre canons ayant ensemble 1,280° de champ de tir et disposés comme sur le cuirassé anglais ; 4° type *Inflexible*, quatre canons installés comme sur l'*Inflexible*, ayant 970° de champ de tir total.

Les deux premiers bâtiments nous paraissent posséder des puissances d'artillerie à peu près équivalentes, appréciation que nous pourrons appuyer de l'autorité d'un fait. Le *Grosser-Kürfürst*, qui est aujourd'hui un bâtiment à tourelles portant quatre canons à grand champ de tir, avait d'abord été dessiné avec une batterie cuirassée. Cette batterie comprenait deux étages, dans chacun desquels quatre pièces tiraient à la fois dans l'axe et en travers. Les chiffres sont doublés ; mais, au

---

[1] Voir l'*Engineering* du 16 novembre 1877.
[2] Lorsque, comme c'est le cas pour l'*Hercules* et le *Sultan*, l'un des sabords ne permet pas le tir dans l'axe ou en travers, alors on comptera la présence de ce sabord comme une addition du champ de tir moyen des autres sabords, égale à la moitié du nombre de degrés compris dans le secteur démasqué par le sabord oblique. Ainsi, pour le *Sultan*, où le sabord de travers découvre un champ de tir de 70° et le sabord de joue 50°, la pièce sera considérée comme jouissant d'un champ de tir de 95°, dont 35° appartiennent au tir arrière et le reste au tir avant.

fond, le cuirassé réellement construit et le projet primitif présentent entre eux le même rapport que les deux bâtiments fictifs du genre *Tonnerre* et du genre *Redoutable*. Or, si le projet a été abandonné, c'est probablement parce que le champ de tir de chaque pièce était réparti sur deux sabords, ce qui entraînait des complications de plaques tournantes peu pratiques. Rien ne dit qu'un plan dans lequel cette difficulté de détail eût été évitée, n'aurait pas été trouvé préférable au type *Monarch*, que les Allemands ont finalement adopté. En somme, cet exemple autorise à dire que, dans l'espèce, la réduction du nombre de pièces est à peu près compensée par l'augmentation du champ de tir, et réciproquement. Cependant nous ferons un léger avantage au genre *Redoutable*, parce que ce bâtiment dispose de quatre pièces indépendantes, tandis que les deux pièces du garde-côtes étant installées parallèlement dans une tourelle, devront être, dans bien des cas, tirées en même temps, solidarité qui laisse le bâtiment dégarni de feux pendant la durée du chargement.

La combinaison adoptée pour l'artillerie de l'*Inflexible* est séduisante, mais elle n'est supérieure à celle de la *Devastation* que parce que quatre pièces tirent en chasse[1], car dans les autres directions le tir est beaucoup moins dégagé, et la différence des champs de tir totaux est de plus de 300°. Si la *Devastation*, avec les mêmes champs de tir, pouvait diriger trois pièces en chasse au lieu de deux, il est à croire qu'on préférerait ses dispositions à celles de l'*Inflexible* au point de vue militaire.

Telles sont les observations qui ont permis de compléter l'évaluation de l'efficacité laissée au canon par les installations du bord. Les valeurs des tirs en chasse, en belle et en retraite, ayant été déterminées précédemment, ces considérations nous conduisent à fixer ainsi qu'il suit le nombre de degrés qui correspondra à une unité de champ de tir et le facteur qui doit multiplier le nombre total des pièces :

---

[1] Il n'est d'ailleurs pas prouvé qu'il en soit ainsi ; car, depuis que ceci a été écrit, nous avons lu dans les *Papers relating to Inflexible* (p. 7), la phrase suivante d'un rapport de M. Barnaby : « Les deux tourelles peuvent tirer droit en chasse et en retraite, chacune avec un canon. » C'est là un point à élucider.

TABLEAU.

CLASSIFICATION DES UNITÉS.			GENRE.		TYPE.	
			Tonnerre.	*Redoutable.*	*Devastation.*	*Inflexible.*
Nombre de pièces tirant en	chasse...... n_c		2,0	2,0	2,0	4,0
	bolle ...... n_b		2,0	2,0	4,0	4,0
Demi-nombre de pièces tirant en retraite... $\frac{1}{2} n_r$			1,0	1,0	1,0	1,0
Nombre total des pièces .... n			2,0	4,0	4,0	4,0
Nombre d'unités fournies par le champ de tir...	en $\mathcal{N}$	$\frac{\omega \mathcal{N}}{200}$	1,8	0,9	3,2	2,6
	en $\mathcal{R}$	$\frac{\omega \mathcal{R}}{300}$	1,2	0,6	2,1	1,5
Nombre effectif des canons............ N			10,0	10,5	16,3	17,1

Les totaux représentent assez bien, croyons-nous, le parti qu'on a su tirer, dans chaque cas, d'un nombre donné de pièces. Nous avons appelé nombre *effectif* des canons le total des chiffres relatifs à chacun des différents genres de tir. Ce nombre effectif est donné, pour les cuirassés, par l'expression :

$$N = n_c + n_b + \tfrac{1}{2} n_r + n + \omega \mathcal{N} \times 0{,}02 + \omega \mathcal{R} \times 0{,}03.$$

24. Il y a peu de chose à changer à ce qui vient d'être dit pour l'appliquer aux bâtiments non cuirassés, il n'y aurait même rien à ajouter dans le cas de croiseurs munis d'un éperon, si ce n'est que l'armement de l'arrière doit y prendre relativement plus d'importance que sur les cuirassés ; des bâtiments dénués de puissance défensive étant exposés à rencontrer sur mer beaucoup d'ennemis redoutables.

Pour le moment, l'absence d'éperon dans les croiseurs est la règle générale. Comme l'usage de cet engin entraîne le combat à bout portant, on s'explique très-bien que des navires sans protection n'aient pas avantage, quand ils ont affaire à une artillerie plus puissante ou à un cuirassé, comme le *Shah* vis-à-vis du *Huascar*, à engager la lutte par le choc, cette escrime à l'arme blanche des navires. C'est ce qui se voit dans l'armée, où la charge l'épée au poing est le monopole des cuirassiers, et où la baïonnette a perdu de sa valeur depuis les perfectionnements apportés à la mousqueterie. Cependant la baïonnette a été conservée aux fantassins parce qu'elle ajoute à leur équipement, au prix d'une dépense et d'un poids minimes, une arme qui peut avoir son utilité à un moment donné. Les mêmes considérations pourraient être invoquées pour les croiseurs : le jour où M. le commandant Franquet a lancé le *Bouvet* l'étrave en avant contre le *Meteor*, il a pu regretter de ne pouvoir lui infliger, au lieu d'un coup de baïonnette, qu'un coup de crosse ; et, pour citer un exemple plus frappant encore, à la bataille de Lissa, le vaisseau en bois le *Kaiser* combattit par le choc contre des cuirassés, comme le prouve sa rencontre avec le *Re-di-Portogallo*[1]. De là vient, sans doute, que les Anglais donnent à des petits croiseurs de moins de 1,000 tonneaux le bénéfice d'un éperon. Supposons un de ces bâtiments engagé contre un autre croiseur de même force comme artillerie, mais privé d'éperon : n'est-il pas évident que le premier aura tout intérêt à courir sur son adversaire, puisqu'il a l'espoir de terminer la lutte par le choc, sans que cette manœuvre change rien pour les deux navires aux chances d'avaries mutuelles par le canon ?

Dans la situation actuelle, les croiseurs se servent de leurs pièces de chasse quand ils poursuivent un ennemi plus faible, de leurs pièces du travers quand ils luttent contre un adversaire de même force, comme le combat du *Kearsage* et de l'*Alabama* en est un exemple, de leurs pièces de retraite, quand ils sont poursuivis. Le tir en chasse, qui doit s'exercer à distance contre des bâtiments plus faibles, vaut donc surtout par le nombre des pièces et leurs qualités balistiques, lesquelles entraînent souvent un fort calibre puisque les petits canons ont en général moins de portée que les gros. Un fort calibre est encore plus nécessaire pour le tir en retraite, dont l'objectif peut à la rigueur être un cuirassé[2], — le croiseur russe la *Vesta* en a fait récemment l'expérience ; — les pièces de retraite devraient donc admettre des boulets pleins dans leurs approvisionnements. Quant au tir du travers, auquel concourent la plupart du temps les pièces de chasse et de retraite, il devra naturellement comprendre en outre le plus possible de pièces de petit calibre. Remarquons à ce propos que le tir exécuté directement en belle, comme le tir en chasse, n'ont plus ici la même importance que pour les cuirassés. Dès que la distance du chasseur et du chassé diminuera, la poursuite sera finie et le combat réel commencera, le tir ayant lieu sous des incidences variables et plus ou moins voisines du travers. Le tir oblique

---

[1] *Revue maritime* de mars 1867, p. 587.
[2] Voir ce qu'on disait à ce sujet dans la *Revue maritime* d'août 1876, p. 352.

pourra être plus fréquent sur un croiseur que sur un cuirassé ; mais il n'y a plus de raison pour faire de distinction entre le tir avant et le tir arrière : le terme relatif au champ de tir sera dans tous les cas $\omega \times 0,02$.

On attribuera ici la faculté de tirer dans plusieurs directions principales non-seulement aux canons qui, comme les pièces des extrémités des croiseurs anglais, sont manœuvrés à l'aide de plaques tournantes et d'engrenages, mais aussi aux bouches à feu assez légères pour pouvoir être facilement transportées d'un sabord à l'autre au moment opportun. Le combat du *Kearsage* et de l'*Alabama*, dans lequel les deux commandants avaient fait passer leurs pièces à tribord de manière à les utiliser toutes, a fait voir combien cette mobilité était précieuse.

En revanche, on ne mesurera plus ici l'avantage de la multiplicité des pièces par leur nombre total. Les positions relatives des combattants variant moins rapidement que lorsqu'il s'agit de cuirassés, le but ne viendra plus de lui-même se placer successivement devant tous les canons de l'adversaire de manière à les mettre à même de tirer à très-courts intervalles. On voit assez, d'après le combat cité plus haut, qu'il n'en est pas ainsi, puisque pendant toute la durée de la lutte, les deux *blokade runners* ne se sont montrés réciproquement qu'un seul bord. Il suffira par suite de faire intervenir la moitié du nombre total de pièces dans la valeur de N, qui se trouve maintenant complètement déterminée pour les croiseurs :

$$N = n_c + n_b + n_r + \frac{n}{2} + \omega \times 0,02.$$

25. Le produit de N par la valeur du canon est indépendant de certaines particularités propres au navire, qu'il faut faire entrer en ligne.

En premier lieu, il faut que l'artillerie soit le moins souvent possible paralysée par la mer ; il faut que la hauteur des seuillets de sabords soit suffisamment grande. M. Barnaby et après lui l'auteur du travail russe que nous avons cité, attachaient une grande importance à la hauteur de batterie, car ils proportionnaient à cette dimension non-seulement la puissance de l'artillerie, mais même, — ce qui tenait à la forme de l'expression qu'ils avaient adoptée, — la puissance totale du navire. Il est certain qu'une semblable manière de voir serait particulièrement favorable à la flotte française, qui se distingue par des hauteurs de seuillets plus élevées que partout ailleurs ; mais comme notre but est de chercher le vrai, et non de faire valoir les navires nationaux, nous ramènerons l'avantage résultant d'une position dominante de l'artillerie à la place modeste qui lui convient, ce qui, nous l'espérons, nous évitera, pour cette fois au moins, le reproche de partialité.

La hauteur de batterie n'entrera ici naturellement que dans le terme de l'artillerie, mais doit-elle y entrer à la première puissance? Cela serait admissible si des sabords élevés de quatre mètres au-dessus de l'eau conservaient par tous les temps un avantage égal sur des sabords ouverts à deux mètres seulement, comme c'est le cas pour un fort baigné par la mer, le long duquel les lames s'élèvent plus ou moins sans lui faire rien perdre de son immobilité. Sur un navire, au contraire, une mer qui paralysera la batterie de deux mètres, sans forcer de fermer les sabords à quatre mètres, enlèvera au tir de ces derniers beaucoup de la précision que possède le tir de la batterie basse quand il est possible. Il est vrai qu'un grand commandement des pièces a encore l'avantage de leur permettre de mieux découvrir l'horizon au-dessus des oscillations de la mer, mais cet avantage est compensé par l'accroissement du cône mort que laisse le tir négatif autour du navire, ce qui le rend plus vulnérable aux attaques des embarcations. Comme il suffit contre ces dernières de pièces légères, on voit qu'il serait logique de donner le plus grand commandement aux canons qui ont le plus de portée et de puissance, comme cela existe sur le *Redoutable*[1], sur l'*Alexandra*[2], et plus nettement encore sur le *Turenne*[3] et l'*Amiral-Duperré*[4].

Quoi qu'il en soit, ces considérations font voir qu'il est exagéré de multiplier la valeur trouvée pour l'artillerie par la hauteur de batterie; nous pensons nous rapprocher de la vérité, sans prétendre l'avoir atteinte, en ne faisant entrer dans le produit que la racine carrée de cette quantité.

26. Il est un dernier facteur qu'on n'a pas encore introduit dans les formules, mais qu'il nous paraît indispensable de mettre en évidence, c'est celui qui représente l'influence de la stabilité de plate-forme. M. Bertin remarque en effet[5] que « les mouvements du navire rendent

---

[1] Gaillard : Quatre pièces de 27 tonneaux. Batterie : Quatre pièces de 23 tonneaux.
[2] Gaillard : Deux pièces de 25 tonneaux et 2 de 18 tonneaux. Batterie : Rien que du 18 tonneaux.
[3] Gaillard : Pièces de fort calibre. Batterie : pièces de 24,7 (14c.).
[4] Idem.
[5] *Les roulis et le roulis.* (Revue maritime de novembre 1876, p. 125.)

un bon pointage difficile ou impossible et faussent le tir par rapport au pointage obtenu. »

Dès 1863, la campagne d'expériences des cuirassés avait permis de constater que « ceux des bâtiments de l'escadre qui avaient la moindre « hauteur métacentrique, les vaisseaux cuirassés entre autres, étaient « précisément ceux qui, dans les circonstances de la navigation favo- « rables au combat, avaient les roulis les plus lents et les moins étendus, « et qui, par conséquent, pouvaient offrir au tir la plate-forme la plus « stable[1]. »

Mais on s'aperçut bientôt que la diminution de la stabilité avait le défaut d'augmenter la tendance du navire à s'incliner en virant et par conséquent d'accuser, entre autres inconvénients, les erreurs de pointage qui en résultent. Cette découverte fit revenir des hauteurs métacentriques de $0^m,60$ qui avaient succédé à celles de $1^m,50$ de Sané, aux bras de levier de $1^m,20$, chiffre qui paraît être la moyenne vers laquelle on tend maintenant.

Il faut donc réaliser à la fois un bâtiment tranquille, ce qui suppose une grande période d'oscillation, et un bâtiment stable, condition difficile à concilier avec la première puisque la tranquillité diminue quand la hauteur métacentrique augmente. Supposons, ce qui n'est pas exact, que ces deux conditions aient autant d'importance l'une que l'autre, c'est-à-dire que pendant la moitié de la durée du combat le bâtiment prenne en virant une bande défavorable au tir. Alors les qualités requises ne se trouveraient que dans les navires aussi peu sensibles aux efforts mécaniques extérieurs qu'à l'action des lames, les navires qui possèdent, comme les cuirassés, un grand moment d'inertie par rapport à leur déplacement. Nous trouvons ce rapport exprimé dans la relation connue :

$$T_n \parallel \sqrt{\frac{\Sigma m r^2}{\Delta (\rho - a)}}$$

dans laquelle T_n est la période d'oscillation en eau calme, Σmr^2 le moment d'inertie, Δ le déplacement, $\rho - a$ la hauteur métacentrique. On en tire :

$$\sqrt{\frac{\Sigma m r^2}{\Delta}} \parallel T_n \sqrt{\rho - a}.$$

---

[1] *Manœuvres des combats sur mer.* (*Revue maritime* de mai 1876, p. 360.)

Mais on voit facilement l'inexactitude de l'hypothèse qui a été faite, en se reportant aux discussions précédentes : dans la course en droite ligne qui précédera le choc, la stabilité n'interviendra pas à proprement parler, et nous avons vu qu'on aurait peu d'occasions de tirer dans l'évolution qui suivra la rencontre. De plus, la hauteur métacentrique n'entre pas directement en jeu quand le navire est droit, tandis que T_n fait sentir son influence quand le navire évolue. Pour ces motifs le coefficient que nous cherchons sera fonction, non pas de $T_n \sqrt{\rho-a}$, mais de $T_n \sqrt[4]{\rho-a}$, ou de $Q \sqrt[4]{\rho-a}$ en remplaçant T_n, qui n'est connue que dans quelques cas isolés par la cote Q, déjà définie à propos de la zone d'action.

Il est malheureusement difficile de discerner la part qui revient à l'expression $Q \sqrt[4]{\rho-a}$ dans la puissance de l'artillerie. Ce qu'on peut affirmer, c'est que cette influence se fait rarement sentir d'une façon prépondérante, d'abord parce que les combats navals ont généralement lieu par beau temps, et ensuite parce que les coups décisifs sont envoyés à bout portant : la proximité du but diminue évidemment l'influence de l'agitation du navire sur la justesse du tir. Une considération nous a déterminé, c'est que l'inclinaison due au mouvement de giration est encore plus nuisible au point de vue défensif, en découvrant le can inférieur de la cuirasse, que par rapport au tir de l'artillerie ; or, nous serons conduits à considérer au point de vue défensif la racine sixième de la hauteur métacentrique ; nous n'avons pu, dans le cas actuel, accorder plus d'importance à cette quantité et nous avons pris la racine carrée de $Q \sqrt[4]{\rho-a}$ pour représenter l'influence de la stabilité de plate-forme.

27. Les facteurs de la valeur de l'artillerie ayant été étudiés séparément, cet élément de la puissance offensive est maintenant défini et pourra se représenter par une suite de termes analogues au suivant :

$$N \psi \sqrt{h} \sqrt{Q \sqrt[4]{C-a}},$$

en représentant, dans tous les cas, par ψ la mesure de la puissance individuelle du canon, qu'il s'agisse d'un cuirassé ou d'un croiseur, et en appelant h la hauteur de batterie.

APPENDICE A L'INTRODUCTION

A. — FACULTÉS ÉVOLUTIVES.

Variation du diamètre d'évolution avec la vitesse initiale.

NOMS des bâtiments.	ANGLE de barre.	VITESSE initiale V	$\sqrt[3]{V}$	DIAMÈTRE de l'évolution I.	$\dfrac{I}{\sqrt[3]{V}}$	DATES des expériences.
Taureau...	40°	12,5	2,32	366,5	158	25 janvier 1866.
		12	2,289	361	157,7	
		10,8	2,210	358	162	
		6,8	1,895	336	177,3	26 janvier 1866.
		2,8	1,410	249	176,6	
Solférino..	34°	12,5?	2,322	680,5	293,1	
		9,5	2,118	585	276,2	
	25°	12,5?	2,322	927,5	399,4	
		10	2,154	865	401,6	
Couronne..	34°	11?	2,224	458	201	
		9	2,030	433,5	208,4	28 mars 1866.
	25°	11?	2,224	511,5	230	
		9	2,080	516,3	248,2	
Provence..	30°	12,7	2,335	516	221	
		9	2,080	463	222,6	
	25°	12,7	2,335	581	248,8	
		9	2,080	577,5	277,6	
Montcalm..	30°	11,22	2,239	339	151,4	
	38°	7	1,913	281	146,9	

Pour apprécier la loi de variation, il faut considérer les nombres inscrits dans la colonne $\dfrac{I}{\sqrt[3]{V}}$ et correspondant à un même angle de barre.

TABLEAU B.

— 50 —

B. — DONNÉES sur les principaux canons de l'artillerie navale.

NATIONALITÉ	SYSTÈME	DÉSIGNATION des canons	POIDS en tonneaux du canon P	POIDS en tonneaux du projectile p	VITESSE initiale (mètres) V	Force vive totale $\frac{pV^2}{2g}$	Calibre en centimètres a	force vive par centimètre de circonférence $\frac{pV^2/2g}{\pi a}$	$V\sqrt{\frac{p}{\rho}}$	$\frac{3}{q^2}$	ORIGINE des renseignements
France	Fonte et acier. Acier	34 c/m	48	0,400	475	4592	34	43	6,55	281,7	
		27	27	0,216	475	2495	27,4	29	5,38	156,0	
		10	1,2	0,012	485	144	10	4,6	2,11	9,8	
		32	38,8	0,350	482	33,9	32	33,1	5,76	190,7	
		27	23,1	0,215	432	2053	27,4	23,8	4,88	116,3	
		24	15,6	0,144	440	1442	24	19,1	4,37	83,6	
		19	8,0	0,075	418	767	19	12,8	3,58	45,8	
		16	5,1	0,045	477	523	16,5	10,1	3,18	32,2	
		14	2,7	0,021	455	222	13,9	5,1	2,26	11,5	
	Bronze	12	0,6	0,0115	288	48,6	12	1,3	1,14	1,5	
Allemagne	Krupp	35 c/m	57,5	0,520	475	6000	35,5	53,8	7,34	395	Revue maritime de mars 1875, p. 777, et Memorial d'artillerie de la marine, 1er livre, 1876.
		33	47,5	0,370	435	3560	33	34,3	5,86	201	
		30	36,6	0,293	437	2810	30,05	29,8	5,46	162,7	
		28	27,5	0,225	437	2160	28	24,6	4,96	122	
		26	22	0,178	410	1750	26	21,4	4,63	99,1	
		24	15,5	0,135	437	1270	23,5	17,2	4,15	71,4	
		21	9,75	0,095	441	860	20,9	13,1	3,62	47,4	
		17	6	0,054	475	550	17,3	10,2	3,19	32,5	
		15	4	0,035	475	380	14,9	8,1	2,84	23	
		12	1,37	0,0175	406	147	12	3,9	1,95	7,72	
Angleterre	Woolwich	16p	82	772	102	8032	4,06	63	7,94	500	Revue maritime, janv. 1876 et mai 1877. Memor. d'artillerie de la marine, 1er livre, 1876.
		12 1/2	38,6	0,363	441	3600	31,8	36	6	216	
		12	35,6	0,317	396	2539	30,5	26,5	5,13	136,6	
		11	25,4	0,243	401	1995	27,9	22,7	4,77	108,4	
		10	18,8	0,181	415,7	1594	25,4	19,8	4,45	88	
		9	12,2	0,113	433	1083	22,9	15,1	3,88	58,6	
		8	9	0,082	431	773	20,3	12,1	3,48	42,1	
		7	6,6	0,052	465	576	17,8	10,3	3,21	33,1	
		64 pound	3,25	0,029	381,6	215	16	4,3	2,07	8,9	
	Armstrong	17p	101	0,908	»	9500	43,2	70	8,37	585,9	Rev. mar. fév. et avril 1877.
		12	40,6	0,317	485	3800	30,5	39,7	6,3	250,1	
	Whitworth	12p	35,5	0,570	»	3026	29,2	33	5,715	189,6	Mem. d'art. de mar. 3e liv., 1876.
		7	7,5	0,068	»	465	17	8,7	2,95	25,7	
Russie	Obuchoff	12p	40,6	0,292	441	2898	30,5	30,3	5,51	166,9	Rev. mar. août et juin 1877, p. 494 et 797. Revue marit. d'août 1877, p. 494.
		11	28,3	0,221	463	1963	27,9	22,1	4,71	106,2	
		8	9,0	0,080	422	724	20,3	11,4	3,37	38,1	
		6	4,3	0,037	407	312	15,2	6,5	2,55	16,6	
		4 livres	0,4	0,006	308	28	7,1	1,3	1,12	1,5	

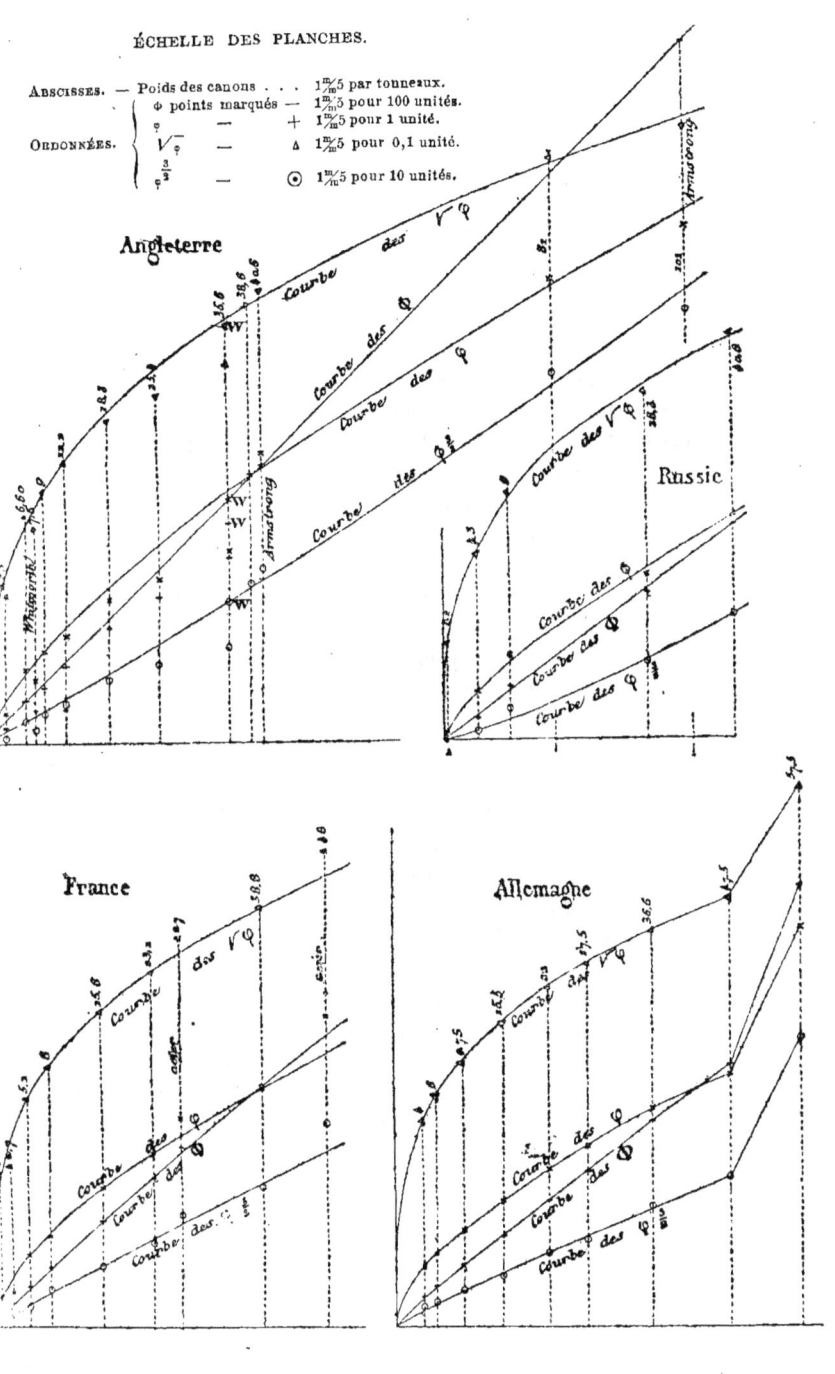

PUISSANCE DÉFENSIVE.

27. Le soldat frappé sur le champ de bataille peut périr de deux manières des suites de sa blessure : soit parce que les organes de la vie auront été froissés, soit lorsque les chairs seules ayant été atteintes, son sang vient à s'écouler par une plaie sans gravité. De même les dangers si variés dont un bâtiment est menacé par les engins d'attaque de l'ennemi rentrent, quels qu'ils soient, dans l'une des deux catégories suivantes : tantôt les atteintes de l'ennemi ont pour effet de paralyser un organe concourant à la puissance du bâtiment, tantôt elles se traduisent par l'introduction d'une certaine quantité d'eau dans la carène. Le premier résultat se produit quand les coups arrivent à bord avec assez d'impulsion pour que le choc transmette à l'intérieur une force supérieure à la résistance des obstacles, le second est obtenu quand le coup est frappé sous l'eau et pratique une ouverture dans l'enveloppe étanche du navire.

Il est certain que ces deux sortes de dangers seront également écartées si on construit la muraille extérieure assez solide dans toutes les régions aptes à être atteintes, pour qu'elle conserve sa continuité, sinon son intégrité, après avoir été frappée. C'est cette condition que M. Dupuy de Lome a réalisée sur la *Gloire*, qui était réellement invulnérable jusqu'au pont des gaillards dans le sens pratique du mot, parce que sa muraille ne pouvait être traversée jusqu'à deux mètres au-dessous de l'eau par les seuls projectiles alors à craindre, ceux de l'artillerie.

Aujourd'hui, d'une part, on n'a pas encore mis en chantier de bâtiment assez grand pour supporter le poids d'une cuirasse aussi étendue que celle de la *Gloire*, et douée en même temps de la résistance nécessitée par les progrès de l'artillerie; de l'autre, le danger qui s'arrêtait autrefois à deux mètres au-dessous de l'eau est descendu jusqu'à la quille avec l'éperon et les torpilles de fond. Il n'est donc plus possible d'opposer un préservatif unique à deux dangers distincts, aussi les programmes des constructions actuelles témoignent-ils une certaine incertitude dans le parti à prendre pour mettre la valeur de la défense en rapport avec la puissance des moyens d'attaque. La plupart du temps on se borne à réduire au minimum l'étendue de muraille consolidée en vue de soutenir les chocs extérieurs, et on lui donne la résistance compatible avec le poids qu'on peut consacrer à la défense, c'est-à-dire une résistance insuffisante. Cependant, avec les compartiments étanches, on commence à entrer dans une voie nouvelle, celle qui consiste à combattre les deux dangers menaçant l'existence du navire par des moyens appropriés à leur nature. Cette voie seule donne le moyen de combattre ces dangers avec succès, parce qu'elle permet d'épargner sur les poids.

Pour protéger les organes importants contre des chocs qui se font sentir jusqu'à l'intérieur du navire, ou plus simplement contre les projectiles de l'artillerie, il faut évidemment interposer un obstacle résistant, des plaques de fer ou d'acier par exemple. On peut y joindre, malgré leur moindre efficacité, les approvisionnements des soutes. C'est ce qu'on a fait jusqu'à présent, et nous ne voyons pas qu'on puisse trouver autre chose jusqu'au jour où on cessera de demander la sauvegarde des bâtiments à leur grandeur, qui comporte la surcharge occasionnée par le blindage en même temps qu'elle la nécessite, pour la chercher dans leur petitesse, qui pourra rendre la protection superflue.

On a de tout temps renoncé à protéger les organes du bâtiment les moins importants, tels que la mâture, la cheminée, les apparaux de mouillage, les embarcations, les petits canons et enfin les œuvres légères, acceptant ainsi d'avance les avaries qui peuvent résulter de cette omission. Dans le même ordre d'idées, on peut trouver exagéré de prétendre mettre le navire à l'abri de la plus petite voie d'eau, en rendant la surface extérieure impénétrable aux projectiles. Cette ambition s'impose d'autant moins qu'il est impossible d'arriver au même résultat vis-à-vis de l'éperon et des torpilles. Il est donc logique de se résoudre à accepter de la part de l'artillerie ce qu'on ne peut empêcher dans toutes les circonstances : l'invasion éventuelle d'une petite quantité d'eau dans l'intérieur du navire. La quantité tolérée doit, d'ailleurs, rester plus faible dans ce cas que lorsqu'il s'agit de l'éperon et des torpilles, parce que ces engins ont moins de chance que le canon d'atteindre leur but : le combat du *Shah* et du *Huascar* l'a suffisamment démontré.

Pour assurer la flottabilité du bâtiment, il suffit donc de « faire la part de l'eau », comme l'a dit M. le vice-amiral Touchard[1]. On y arrive d'abord en multipliant les cloisons étanches, en établissant sous l'eau un pont cuirassé qui rend la plus grande partie de la carène inattaquable aux projectiles, en bourrant d'approvisionnements les compar-

---

[1] *Revue maritime et coloniale* de janvier 1867, p. 203.

timents situés au-dessus de ce pont, enfin en interposant à la hauteur de la flottaison des matières qui, tout en se laissant pénétrer par les projectiles, s'opposent au passage de l'eau.

En résumé, quand il s'agit de protéger les organes importants, tels que le moteur et les mécanismes des canons monstres d'aujourd'hui, il faut arrêter les projectiles; quand il s'agit de maintenir le tirant d'eau et l'assiette du bâtiment, il suffit d'arrêter l'eau. C'est donc la flottaison qu'il faudrait commencer par décuirasser[1]; on arriverait ainsi à faire disparaître la distinction arbitraire qui existe, comme l'a dit sir John Paget[2], entre les navires cuirassés et les navires non cuirassés.

Nous avons insisté sur la distinction à établir entre deux systèmes possibles de protection, parce qu'il existe un certain nombre de bâtiments partiellement décuirassés à la flottaison, surtout en Angleterre où l'on rencontre les classes *Inflexible* et *Nelson*[3], et où ont été mis en chantier tout récemment quelques croiseurs jouissant d'une protection qui n'est pas demandée à une cuirasse verticale. Mais si c'est M. Reed qui, avec M. Michael Scott, les amiraux Elliot et Ryder, sir William Thompson, a imaginé le navire à citadelle centrale flottant sur un radeau, il ne faut pas oublier que c'est en France que M. Bertin a eu l'initiative du bâtiment complètement décuirassé tout en étant protégé, problème dont M. l'ingénieur de la marine Carlet vient de donner une solution probablement plus efficace que celle adoptée en Angleterre.

28. De ce qui précède, on peut conclure que nous ne ferons pas intervenir dans nos appréciations ce qu'on est convenu d'appeler le *coefficient de sécurité*, c'est-à-dire le rapport entre le volume des œuvres mortes protégées et le déplacement. On a vu qu'au point de vue de la sécurité il n'était nullement nécessaire que la cuirasse fût appliquée sur la muraille extérieure, qu'elle peut se réduire à ce qui est indispensable pour abriter la carène et l'appareil moteur quand on juge inutile de protéger l'artillerie, et que par suite le volume d'œuvres-mortes qu'elle enserre peut à la rigueur se réduire à zéro. Certaines

---

[1] Cette conclusion suppose, bien entendu, qu'on trouve un réel avantage de poids dans cette solution ; car on pourrait citer tel cas où la ceinture cuirassée protégeant à la fois le moteur et certains mécanismes d'artillerie, ne coûte pas beaucoup plus que le système dont il s'agit et fournit par surcroît à la flottaison une protection qui est toujours la plus satisfaisante de toutes, quand elle est réelle.

[2] *Naval powers and their policy.*

[3] Plusieurs autres pays fournissent des spécimens de ce système ; nous citerons en Italie les quatre grands cuirassés sans mâture en construction ; en Autriche, le *Tegethoff* ; en Allemagne, les cuirassés sans mâture récemment mis en chantier ; enfin en France, la *Dévastation* et le *Foudroyant*, qui ne sont, il est vrai, décuirassés qu'à l'extrême arrière.

personnes craignent que, dans ces conditions, les obus de l'ennemi venant à emporter tout ce qui n'est pas cuirassé, à raser toutes les superstructures légères, le bâtiment qui aura perdu ses œuvres-mortes et sa stabilité n'ait plus qu'à couler bas. Ce scrupule serait légitime si le désir d'agrandir le caisson cuirassé pour augmenter la réserve de flottabilité, de *buyoancy*, n'avait pour contre-partie l'affaiblissement de la protection due au blindage. Le navire qu'on a mis en état de défier tous les obus de l'ennemi serait ainsi à la merci d'un boulet bien dirigé, qui eût été incapable de percer un blindage plus concentré. On connaît le proverbe : « Qui trop embrasse, mal étreint » ; il ne faut pas se jeter à l'eau pour éviter la pluie ; mieux vaut être à l'abri d'un événement qui n'a besoin de se présenter qu'une fois pour être fatal, que d'être défendu contre des accidents qui exigent pour réussir une répétition indéfinie. Du reste, comme le remarque M. Dislère dans son excellent ouvrage : *la Guerre d'escadre et la guerre des côtes*[1], « la consommation des munitions ne sera sans doute jamais bien considérable dans un combat », et il ne sera, par suite, pas possible de pousser jusqu'au bout la démolition des constructions légères de l'ennemi.

Si l'on tient à la réalisation du coefficient de sécurité, comment oser envoyer au combat les bâtiments non cuirassés qui, non-seulement ne possèdent pas ce superflu, mais n'ont pas même le nécessaire ? Il est rare cependant d'entendre critiquer, au point de vue défensif, ces immenses croiseurs plus grands que les trois-ponts d'autrefois, qui ne peuvent plus espérer recevoir impunément cinq cents boulets dans leur coque, comme certains vaisseaux qui les rapportaient triomphalement au port[2]. Les croiseurs ont de plus dans leur machine un point vulnérable que ne présentaient pas les bâtiments à voiles. Tout récemment les Anglais, préoccupés de cette situation et cherchant la puissance défensive dans l'application des principes exposés plus haut, ont donné à quelques croiseurs une légère protection, sans la demander, bien entendu, à des murailles cuirassées extérieures ; fera-t-on un reproche à ces bâtiments de ce qu'ils ont un coefficient de sécurité égal à zéro, et les trouvera-t-on exposés, quand on ne demande aucun compte aux bâtiments non cuirassés de leur absence presque complète

---

[1] P. 160.
[2] Au combat du 11 prairial 1796, livré par Villaret-Joyeuse aux Anglais, le vaisseau-amiral *la Montagne*, « qui avait vaillamment combattu contre plusieurs vaisseaux, rentra à Brest emportant près de cinq cents boulets incrustés dans sa membrure. » — *La Marine*, par E. Pacini. (Curmer, 1844, p. 230.

de protection? Non; il est plutôt présumable qu'on en viendra à penser qu'il est peu rationnel de construire des cuirassés capables d'affronter les obus de toute une flotte ennemie, quand on les laisse hors d'état de résister à un seul boulet bien dirigé de leurs propres pièces.

29. Aussi peut-on s'étonner de la querelle [1] qui est faite à M. Barnaby au sujet de l'*Inflexible*, sous prétexte que le bâtiment n'aura plus qu'une stabilité insuffisante, si l'on suppose les constructions légères et les caissons remplis de liége démolis et percés à jour au point qu'on puisse circuler librement d'un bord à l'autre, les choses se passant comme si la flottaison se trouvait réduite à la section horizontale de la citadelle, tandis que d'un autre côté toutes les matières encombrantes qui remplissent les soutes en s'opposant au passage de l'eau, tels que le liége, le charbon, les voiles, etc., resteraient intégralement à bord et laisseraient au navire à la fois le même poids et le même centre de gravité. On voit que ce sont là des conditions bien extraordinaires: il faut que les matériaux de construction et les approvisionnements n'aient pu s'échapper par les brèches faites à la muraille, et qu'en même temps ils n'opposent aucun obstacle à l'écoulement de l'eau, puisqu'on admet que le niveau intérieur suivrait toutes les fluctuations de l'extérieur. Pour juger la question, il suffit de mettre en présence de l'*Inflexible* un autre bâtiment qui n'en différerait qu'en ce que la citadelle aurait été allongée de manière à fournir la stabilité réclamée; ce résultat ne pourrait être obtenu qu'au prix d'une réduction dans l'épaisseur des plaques de cuirasse qui atteignent en tout un maximum de 60 centimètres pour le premier, et qui n'auraient plus que 50 centimètres, par exemple, sur l'autre. Ces deux cuirassés entrent en lutte: l'*Inflexible* perfectionné prenant naturellement pour objectif les extrémités de l'*Inflexible* à la stabilité défectueuse, les mitraille d'une pluie d'obus de 700 kilogr., et arriverait peut-être, avec le temps, au résultat cherché, si, dès la première passe, l'*Inflexible* dédaigné, visant tout simplement la citadelle de son adversaire, ne l'avait envoyé par le fond avec un boulet dans sa machine suivi d'un bon coup d'éperon.

A propos de ce différend, le *Times*, considérant la question comme jugée sur la foi de l'écrivain anonyme qui avait attaché dans ses colonnes ce grelot retentissant, plaisantait « certains critiques mari-

---

[1] Cet alinéa, comme ce qui précède, a été écrit bien avant que parût le rapport du comité anglais chargé de se prononcer sur la sécurité de l'*Inflexible*. Rien n'y a été changé depuis que la présente étude a été annoncée par la *Revue maritime* de novembre dernier.

times qui avaient posé l'*Inflexible* comme l'idéal du bâtiment de guerre [1]. » Il est vrai qu'en 1876 nous avons placé l'*Inflexible* avant tous les cuirassés alors connus ; et nous doutons fort que le classement actuel, dans lequel les navires iront prendre d'eux-mêmes le rang qui leur convient, si la formule proposée n'est pas trop éloignée de la vérité, change rien à cette conclusion. Mais cela ne veut pas dire que nous voyions dans l'*Inflexible* le cuirassé idéal. Nous trouvons au contraire contestable un navire auquel une puissance de 8,000 chevaux ne permettra pas probablement [2] d'atteindre les bâtiments filant 14 nœuds, une construction de près de 12,000 tonneaux de déplacement qui sera peut-être coulée par une coalition de petits éperons ou par une simple torpille Whitehead. Nous insistons de plus sur ce point que, s'il faut faire un reproche à la stabilité de l'*Inflexible*, ce n'est pas d'être trop petite, c'est plutôt d'être trop grande, car sa hauteur métacentrique atteint 2,515 en charge ; et, malgré son énorme moment d'inertie, ce bâtiment de 23 mètres de largeur aura une période d'oscillation qui ne dépassera guère $5''3$ [3], ce qui lui promet de médiocres

---

[1] Le *Times* du 18 juillet 1877, p. 11, 5e colonne. Dans cet article, et dans le *Broad Arrow* du 21 octobre, p. 530, on met en doute les chiffres avancés dans la *Revue maritime* d'août 1876, p. 379, en s'appuyant sur ce fait, que le *Pierre-le-Grand* n'a pas réalisé une vitesse de 14 nœuds comme le supposait le travail en question. Nous avouons notre tort d'avoir admis pour cette vitesse le chiffre qu'avançaient les publications anglaises, et de n'avoir pas su deviner d'avance le résultat exact des essais ; mais nous rectifions volontiers nos erreurs, et si l'*Inflexible* n'obtient pas aux essais la vitesse que nous lui avons attribuée, nous diminuerons sa puissance en conséquence.

[2] M. Dislère, qui admet pour l'*Inflexible* une puissance de 8,500 chevaux et un maître-couple de $156^{m2},40$, chiffre inférieur à la réalité, n'admet qu'une vitesse de $13^n,4$ aux essais. (*La Guerre d'escadre et la guerre des côtes*, p. 194.)

[3] Nous avons estimé la période d'oscillation de l'*Inflexible*, par comparaison avec celle de la *Devastation* anglaise. Sur ce dernier cuirassé la période de $6''84$, fournie par l'expérience, satisfait à la relation suivante :

$$6,84 \parallel \sqrt{\frac{\Sigma m r^2}{9337 \times 1,173}}$$

Sur l'*Inflexible* on aura :

$$x \parallel \sqrt{\frac{\Sigma M R^2}{11684 \times 2,515}}$$

Si les bâtiments étaient semblables, le moment d'inertie variant comme la 5e puissance des dimensions, son rapport au déplacement croîtrait comme le carré des dimensions ou comme la puissance $2/3$ des déplacements, de sorte qu'on pourrait écrire :

$$\sqrt{\frac{\Sigma M R^2}{11684}} : \sqrt{\frac{\Sigma m r^2}{9337}} = \sqrt[3]{\frac{11,684}{9337}} = 1,077 ;$$

d'où
$$\frac{x}{6,84} = 1,077 \sqrt{\frac{1,173}{2,515}} = 5,05.$$

Les deux bâtiments ne sont pas semblables, l'*Inflexible* est relativement plus large, ses tourelles sont excentrées. En revanche, la hauteur de l'*Inflexible*, du dessous de quille au pont supérieur, n'est que de 13 mètres, $13^m,50$ au maximum, en tenant compte de la passerelle centrale. Sur la *Devastation*, au contraire, cette dimension monte à $15^m,50$ au moins. On voit donc qu'il y a des raisons pour que la période d'oscillation soit relativement plus longue sur l'*Inflexible* que nous ne l'avons calculé, on peut aussi faire valoir des arguments en sens contraire. Nous avons néanmoins adopté $5''5$ comme valeur de cette période.

qualités nautiques. Seulement nos critiques s'adressent plutôt au programme de l'*Inflexible* qu'à ses dispositions et n'empêchent pas que ce navire ne fasse grand honneur à l'ingénieur qui en a conçu les plans.

30. Les considérations qu'on vient de lire n'étaient pas inutiles pour définir le terrain sur lequel on va s'engager, et rattacher à quelques principes bien nets les dispositions si variées, incohérentes souvent en apparence, par lesquelles les constructeurs se flattent d'arriver à protéger le navire.

D'après ce qu'on vient de voir, le plus important comme le plus coûteux des moyens de défense est le blindage, que nous étudierons d'abord.

Les murailles qui supportent les plaques de cuirasses, on l'a dit ailleurs [1], sont constituées d'une façon suffisamment comparable pour qu'on puisse se borner à prendre l'épaisseur de la cuirasse comme indication de la résistance de la muraille [2]. Il y a ici une distinction à établir entre les cuirasses d'une seule épaisseur et les blindages en plusieurs plans dans lesquels les plaques sont séparées par des matelas. Les expériences de polygone donnent un avantage marqué à la première disposition, sans pouvoir, il est vrai, faire entrer en ligne certaines particularités, telles que la multiplicité des joints, etc. [3], dont le tir du *Hotspur* contre le *Glatton* a démontré l'importance [4]. Peut-être existe-t-il une solution qui, tout en procurant une résistance à peu près aussi satisfaisante que celle des plaques en une seule épaisseur, comporterait les avantages des plaques dédoublées : ce serait sortir du cadre de cette étude que d'approfondir cette question. Toujours est-il que la commission de la Spezzia se prononce d'une façon absolue contre les massifs à matelas interposé entre les plaques. et, quoique son appréciation porte sur des conditions de tir moins générales que celles du combat, on n'en devra pas moins faire subir une dépréciation aux murailles du système *Sandwich*. Comme ce système n'a pas trouvé d'accueil en France et n'a été exécuté qu'à l'étranger, nous atténuerons, autant que possible, la réduction afin d'écarter tout soupçon de partialité. Nous nous bornerons à compter, dans les murailles à matelas interposé, le

---

[1] *Revue maritime* d'août 1876, p. 370.
[2] On a légèrement augmenté les chiffres se rapportant à plusieurs cuirassés russes pour tenir compte d'un certain renforcement du soutien.
[3] Voir à ce sujet la chronique de la *Revue maritime* de juillet 1876, p. 276.
[4] *Lessons from Hotspur Glatton experiments*, par M. Barnaby. (Lu à l'United Service Institution le 3 mars 1875.)

pouce anglais pour 25 millimètres au lieu de $25^{m}_{m},4$, ce qui revient à diminuer les épaisseurs simplement de $\frac{1}{60}$, et, moyennant cette réduction manifestement trop faible, nous considérons la somme des épaisseurs des plaques comme représentant l'épaisseur du blindage.

Pour trouver la fonction de cette épaisseur, qui représente la valeur définitive de la muraille, nous raisonnerons de la façon suivante : une plaque de 20 centimètres est percée à bout portant par le canon français de 19^c_m pesant 8 tonneaux. Or, le canon d'essai de 32^c_m construit dans le même système et pesant 35 tonneaux, traverse dans les mêmes conditions 43 à 44 centimètres d'épaisseur de fer : on peut admettre qu'un canon pesant 32 tonneaux percerait à peu près 40 centimètres. Si nous prenons nos exemples en Angleterre, nous voyons que le canon de Woolvich de $6^t,5$ traverse une plaque de $17^c_m,5$, celui de 25 tonneaux une plaque de 34 centimètres. Dans les deux cas, l'épaisseur de la plaque traversée varie à peu près de 1 à 2, tandis que le poids de la pièce s'accroît de 1 à 4 environ. Qu'en doit-on inférer ? C'est que si une plaque d'épaisseur 1 est opposée à un navire armé de quatre canons tout juste capables de la percer, le même navire, pour pouvoir traverser une plaque d'épaisseur 2, devra prendre un canon quatre fois plus lourd que ceux dont il disposait auparavant, et par suite ne pourra plus porter qu'une pièce au lieu de quatre, ne pourra envoyer que le quart des projectiles qu'il tirait précédemment. En doublant l'épaisseur des plaques, on multiplie donc par quatre la valeur de l'obstacle opposé à l'ennemi, puisqu'on divise par quatre le nombre des chances qu'a le blindage d'être atteint et pénétré. De là, nous pouvons conclure que la valeur de la cuirasse varie comme le carré de son épaisseur, que nous appellerons, pour abréger le langage, sa résistance.

Nous avons dit, à propos de l'artillerie, que nous trouverions dans la considération de la valeur du blindage une confirmation de la mesure adoptée pour les canons. C'est qu'en effet la relation établie par M. Hélie entre l'épaisseur des murailles cuirassées et les éléments des pièces capables de les traverser est la suivante :

$$\varphi \parallel E^{\frac{4}{3}}$$

dans laquelle φ est la force vive du canon par centimètre de circonférence du projectile et E l'épaisseur de la plaque de fer. En élevant au cube, puis prenant la racine carrée, il vient :

$$\varphi^{\frac{3}{2}} \parallel E^2.$$

Ce qui montre que les mesures auxquelles nous avons été conduits pour l'artillerie et le blindage, concordent avec une loi adoptée depuis longtemps[1]. En doublant la puissance d'un canon, on double la résistance de la cuirasse qu'il est capable de traverser.

31. La règle ainsi établie ne tient pas compte de la résistance spécifique du métal employé. Les essais du canon de 100 tonnes[2] ont montré que l'acier présentait sous la même épaisseur que le fer des qualités distinctes. Nous n'entreprendrons pas d'analyser ces expériences et emprunterons les éléments de notre appréciation au rapport du colonel Younghusband, président du *Heavy gun Committee*, qui représentait le

---

[1] Dans un article publié par la *Revue maritime* de septembre 1877 (Notes sur la résistance des murailles cuirassées), M. Dislère a fait ressortir que la loi des puissances $4/3$ attribuait un exposant trop faible aux plaques épaisses, et qu'il fallait arriver, pour les cuirasses dépassant 30 centimètres, au moins à l'exposant $3/2$ proposé par sir Armstrong et adopté par M. le lieutenant de vaisseau Bienaimé dans la *Revue maritime* de décembre 1877, p. 658. D'autre part, la commission de la Spezzia, discutant les expériences du canon de 100 tonneaux, en a déduit la relation :

$$\varphi \| E^{1,87}$$

qui s'éloigne encore davantage de l'expression de M. Hélie.

Nous ferons observer que les formules qui se vérifient dans les polygones ne tiennent pas compte de certaines causes d'infériorité des plaques épaisses qui se feront sentir le jour du combat. Les plaques épaisses sont plus sujettes aux fentes et à la destruction que les plaques minces; elles ne peuvent pas recevoir par unité de surface autant de projectiles capables de les perforer; enfin, comme les dimensions des plaques sont limitées par leur poids, elles ne peuvent pas être obtenues avec une aussi grande surface, et leurs joints sont par suite plus rapprochés.

Nous ajouterons que les deux coups de canon de 100 tonneaux, qui ont dénoté dans les blindages épais plus de résistance que ne leur en attribue la formule de M. Hélie, ont été tirés sur des plaques qui réalisaient les derniers progrès de la fabrication. Si les plaques de 30 centimètres, de MM. Marrel, Cammell et Brown, avaient été attaquées isolément, il est possible que cette formule se fût également trouvée en défaut puisque, établie en 1868, elle a été vérifiée sur des plaques d'une fabrication moins récente. Mais, dans ce cas, ce seraient peut-être surtout les constantes qu'il y aurait lieu de changer.

On nous objectera que la commission de la Spezzia a précisément basé son appréciation sur les pénétrations obtenues dans des plaques de 30 centimètres. Il faudrait examiner si ces expériences au lieu d'infirmer notre manière de voir ne la confirment pas plutôt. Les seuls résultats qui, dans le tableau annexé au rapport, soient applicables au cas présent, sont ceux qu'ont fournis les coups 12 et 13, dans lesquels le canon de 25^c_m avec une valeur moyenne de φ égale à $20^\text{tm},4$, s'est enfoncé de 31 centimètres en moyenne dans la muraille recouverte de plaques de 30 centimètres, Cammell et Marrel. La commission en a conclu qu'il suffisait de 20 tonneaux-mètres par centimètre de circonférence pour perforer une plaque de 30 centimètres appuyée. Mais il ne faut pas oublier que les pénétrations constatées dans le tableau, sont celles qu'a réalisées la pointe du projectile : or, a-t-on le droit de dire qu'un boulet a perforé une plaque de 30 centimètres lorsque sa pointe a atteint la surface intérieure? Cette interprétation nous paraît exagérée. Elle reviendrait à considérer comme nul le travail de frottement et aussi d'écrasement et de refoulement du métal nécessaire pour que le culot vienne prendre la place de la pointe. Nous sommes donc fondé à penser qu'il fallait développer une valeur de φ supérieure à 20 tonneaux-mètres pour percer véritablement les plaques en question.

En résumé, nous croyons que la proportionnalité des puissances $3/2$, à laquelle nous avons été ramené en étudiant séparément la puissance des canons et la résistance du blindage, peut encore être conservée quand on considère les plaques au point de vue de leur service à bord.

[2] Ces expériences sont postérieures au classement donné dans la *Revue maritime* d'août 1876, p. 570.

gouvernement anglais à la Spezzia [1]. Constatant qu'un projectile pour percer une plaque en fer laminé de 559 millimètres, appuyée sur un matelas, doit avoir une force vive d'environ 62 tonneaux-mètres par centimètre de circonférence, tandis qu'un boulet animé d'une force de $70^{tm},6$ a traversé la plaque Schneider, mais en s'arrêtant dans le matelas, le colonel évalue à 10 p. 100 la supériorité de l'acier sur le fer. Il en conclut que l'épaisseur de 559 millimètres d'acier qui protége la flottaison du *Duilio* représente une résistance égale à celle de 610 millimètres de fer laminé.

Essayons de traiter la question en partant des bases que nous avons proposées relativement à la résistance des cuirasses et à la puissance des canons. Admettant qu'il eût fallu au moins 71 tonneaux-mètres pour que la plaque Schneider fût complétement traversée, nous écrirons que si une plaque en fer de 559 millimètres est percée par une force vive de 62 tonneaux-mètres, l'épaisseur x de fer correspondant à une force vive de 71 tonneaux-mètres, résulte de la proportion :

$$\frac{x^2}{55.9^2} = \frac{71^{\frac{3}{2}}}{62^{\frac{3}{2}}}$$

d'où il vient :

$$x^2 = 3828$$
$$x = 61,9$$

chiffre sensiblement égal à celui de 61 que donnaient les conclusions citées plus haut. Mais pour nous la *résistance* de la plaque d'acier est exprimée par le nombre 3828, tandis que celle de la plaque de fer n'est que de 3125, ce qui constitue en faveur de l'acier une supériorité exprimée par le rapport :

$$\frac{3828 - 3125}{3125} = 0,225$$

valeur plus que double de la quotité de 10 p. 100 adoptée dans le rapport anglais.

Une supériorité de 22,5 p. 100 en faveur de l'acier semblera, d'ailleurs, exagérée si on remarque que la plaque de 559 millimètres en acier ne se comporte pas aussi bien qu'une plaque de 619 millimètres en fer, puisqu'elle se trouve complétement détruite après le choc du boulet qui la traverse. Les plaques massives en acier, tout en arrêtant

---

[1] *Times* du 9 août 1877. *Revue maritime* d'octobre 1877, p. 227.

les projectiles de gros calibre, se montreront peut-être inférieures aux plaques en fer de même épaisseur devant les calibres plus faibles qui les fendront et pourront les briser.

Ces considérations nous ont conduit, malgré les brillants résultats obtenus avec l'acier aux essais exécutés à Portsmouth le 18 décembre 1877, à réduire à 20 p. 100 la supériorité de l'acier sur le fer. C'est-à-dire que la résistance d'une plaque de fer de 559 millimètres étant de 3125, nous adopterons pour les plaques du *Duilio* :

$$3125 + 625 = 3750$$

à supposer que l'épaisseur *effective* de sa cuirasse soit égale à l'épaisseur nominale.

32. L'unité étant trouvée, nous allons nous en servir d'abord pour mesurer la puissance défensive accordée aux canons, laquelle dépend de la puissance même de l'artillerie, comme il est facile de s'en convaincre. Supposons, en effet, deux navires armés chacun de deux pièces, l'une de 40 tonneaux, l'autre de 20 tonneaux : dans le premier c'est la grosse pièce qui est protégée, dans le second c'est l'autre ; les blindages ont d'ailleurs la même épaisseur et sont disposés de la même manière. Attribuera-t-on la même valeur à la puissance défensive de ces deux artilleries ? Ce serait évidemment injuste puisque le blindage du gros canon ayant le plus grand développement a coûté le poids le plus considérable, et que d'ailleurs, à dimensions égales des bouches à feu, — si le métal ou la fabrication diffèrent, — la plus puissante des deux est la plus intéressante à protéger. A ce point de vue on serait tenté de mesurer la valeur d'une résistance donnée de cuirasse affectée à la protection d'un canon, à ce que nous avons appelé le nombre *effectif* représenté par cette unité, puisque l'importance de chaque pièce dépend de cette donnée : il vaut mieux, par exemple, pour le *Tegethoff* armé de 6 canons de 26%, perdre une de ses pièces du travers dont le champ de tir est de 30° seulement qu'un de ses canons de chasse dont les positions extrêmes sont à 105° l'une de l'autre ; il vaut mieux perdre le canon de retraite que le canon de chasse qui aura plus souvent occasion de tirer. Mais il faut remarquer que la position en chasse ou en retraite d'un canon dans une batterie n'a aucune influence sur le développement que nécessite sa protection ; que les dimensions d'une batterie dépendent plus du nombre de pièces que de la somme des champs de tir qu'elles réalisent ; qu'enfin, lorsqu'il s'agit de tourelles

fixes ou mobiles, la dépense de blindage ne dépend ni du dégagement du tir, ni des directions plus ou moins favorables dans lesquelles il peut s'exercer. En conséquence, nous nous bornerons, pour apprécier la protection de chaque pièce, à multiplier la résistance du blindage par une fonction de sa puissance ψ.

Il est aisé de déterminer cette fonction de ψ qui est égal dans le cas présent à $\varphi^{\frac{3}{2}}$, puisque les pièces protégées sont celles qui lancent des boulets pleins (§ 18). Le développement de la cuirasse est à peu près proportionnel aux dimensions linéaires du canon, c'est-à-dire à la racine cubique de son volume ou de son poids. Or, on a vu que $\varphi^{\frac{3}{2}}$ croissait un peu plus rapidement que le poids ; la racine cubique $\sqrt[3]{\varphi}$ de cette quantité, qui augmente un peu plus rapidement que les dimensions linéaires, répondra convenablement au but qu'on se propose, car l'encombrement d'une pièce doit augmenter plus vite que ses dimensions à cause des difficultés croissantes de la manœuvre.

33. L'application de la règle qui vient d'être exposée serait facile si l'artillerie était toujours protégée de la même manière. Il n'en est pas ainsi, le canon tire tantôt par un sabord plus ou moins grand, tantôt à découvert. Ici la cuirasse conserve la même épaisseur sur toute sa hauteur, là elle n'est pas la même devant le châssis et devant le canon ; ici elle est uniformément répartie tout autour de la pièce, là elle est moindre transversalement qu'en abord, quand elle n'est pas complétement supprimée d'un côté ; dans certains cas elle occupe, non-seulement l'entrepont où se trouvent les bouches à feu, mais aussi l'entrepont inférieur qui contient les mécanismes.

On a donc dû commencer par réunir toutes les données de la question, c'est-à-dire l'épaisseur sur tous les points où elle pouvait différer pour le même canon. C'est ce qu'on a fait sur le tableau III, où les entête des colonnes ont dû être appropriés aux navires à batterie, mais où l'on a néanmoins fait entrer les autres types moyennant des conventions qu'on expliquera.

Il y avait d'abord à inscrire séparément l'épaisseur en abord et sur les cloisons transversales. En abord, il fallait distinguer les épaisseurs devant le canon (a), le châssis (a) et les mécanismes (b) de l'entrepont inférieur quand il y avait lieu ; transversalement il n'y avait à noter qu'un chiffre par entrepont, l'épaisseur étant généralement la même sur toute la hauteur de la cloison d'une batterie[1]. On ne s'est d'ailleurs, pour simplifier, occupé que de la cloison avant, estimant que l'épaisseur de la cloison arrière était en général proportionnée à celle de la première.

Dans le cas des cloisons transversales, ce n'est pas l'épaisseur elle-même qu'on a inscrite dans les colonnes, parce qu'on a tenu compte de ce que les projectiles qui frappent ces cloisons ont déjà traversé la muraille extérieure des œuvres légères et rencontré probablement bien des obstacles. Ces obstacles supplémentaires sont d'autant plus considérables que le bâtiment est plus grand, et comme les grands bâtiments sont en général ceux qui ont le plus épais blindage, on a cru qu'on pouvait représenter cette résistance additionnelle, non pas par une quantité fixe pour tous les cuirassés, mais en ajoutant uniformément 2 centimètres à l'épaisseur réelle de la cloison, ce qui est justifié par l'exemple de la pratique, car la différence d'épaisseur entre la cloison et la muraille extérieure est d'un pouce aussi bien sur le réduit du *Duilio* que sur la batterie du *Sultan* ou du *Foŏ-sŏ*[2], le dernier cuirassé dessiné par M. Reed.

Pour les tourelles barbettes, qui se trouvent plus ou moins masquées par les œuvres légères sur une partie au moins de leur pourtour, on a inscrit au titre « cloisons transversales » l'épaisseur générale de la tourelle augmentée de 2 centimètres; dans le cas des tourelles mobiles, on a conservé partout la même épaisseur qu'aux colonnes intitulées « en abord ».

Certaines tourelles mobiles présentent autour des sabords une surépaisseur qui est ordinairement de 5 centimètres. On a fait pour le *Tonnerre* et le *Glatton* le calcul de la quantité dont aurait dû être augmentée l'épaisseur générale de la tourelle si cette surépaisseur avait été répartie uniformément : on a trouvé que cette quantité était d'un centimètre environ, la partie renforcée tenant à peu près le cinquième de la circonférence. Les épaisseurs aux tourelles ont été notées en conséquence, le système d'une épaisseur variable et d'une épaisseur uniforme paraissant à peu près équivalent. Dans le premier cas, le canon est mieux défendu quand il tire, puisqu'il présente le sabord à l'ennemi; dans le second, il est mieux abrité pendant le chargement si l'on a eu soin de faire tourner la tourelle à cet effet.

34. Une opinion assez répandue veut qu'à épaisseur égale le blindage

---

[1] Dans le cas où il n'en était pas ainsi, on a pris la moyenne des deux chiffres qu'on a mise entre parenthèses.
[2] *Engineering* du 16 novembre 1877.

des murailles courbes ait plus d'efficacité défensive que celui des murailles planes. Il est facile de voir qu'il n'en pourrait être ainsi si les coups frappant la cuirasse d'un navire pouvaient arriver indifféremment dans toutes les directions. Pour soutenir la supériorité des massifs courbes, on s'appuie sur ce fait que de tous les coups qui peuvent atteindre une tourelle, un seul coup normal correspond à chaque direction : celui qui frappe au milieu. Cet énoncé revient à dire que pour chaque point il n'existe qu'une incidence normale. Mais ainsi présentée cette muraille s'applique aussi bien aux murailles planes, qui, dans l'hypothèse que nous avons faite, seraient au moins aussi protectrices que les murailles courbes.

L'infériorité des murailles planes pourrait donc seulement provenir de ce que les coups normaux ont plus de chance de se présenter que les coups obliques sur les enceintes rectangulaires. C'est en effet ce qui a lieu pour les réduits ou citadelles, dont les faces sont la plupart du temps parallèles aux axes du bâtiment. Mais d'un autre côté la somme du double bordé, du matelas et de la cuirasse représente une épaisseur notable dont l'influence dans le cas des tourelles est importante et rétablit la balance au profit des murailles planes.

Le blindage a plus de résistance contre les coups obliques que contre les coups normaux, parce qu'il présente aux premiers une plus grande épaisseur. On appréciera la protection procurée à une tourelle par son blindage en calculant la moyenne des résistances du blindage qui se projette devant le cylindre intérieur représentant l'enceinte à protéger. En d'autres termes, quand une tourelle est attaquée par un canon dans une direction donnée, la cuirasse qui l'abrite est comprise entre deux plans verticaux parallèles à cette direction et tangents au cylindre qui forme la surface intérieure de la tourelle. Les coups qui frappent en dehors de ces deux plans rencontrent une cuirasse très-oblique, il est vrai, mais qui n'a rien à protéger. Si la tourelle ne devait jamais être attaquée que dans cette direction particulière, il y aurait même avantage à supprimer les portions de muraille élevées sur les segments découpés par les deux plans tangents, car les chocs qu'elles reçoivent peuvent avoir un contre-coup fâcheux à l'intérieur. En un mot, la portion de cuirasse réellement efficace n'a pour largeur que le diamètre intérieur de la tourelle[1].

---

[1] Nous n'avons pas cru avoir à nous occuper ici du ricochet, phénomène qui n'est qu'une manifestation particulière de l'impuissance à pénétrer dans le cas du tir oblique. En effet,

Si les choses se passaient exactement comme nous le supposons, un boulet, arrivant obliquement sur une muraille, trouverait devant lui autant de résistance que lorsqu'il attaque normalement une cuirasse d'épaisseur égale à l'épaisseur comptée dans la direction du coup oblique, et la moyenne que nous devrions prendre pour être logique avec la loi proposée serait celle des carrés des épaisseurs comptées suivant l'incidence. Mais il arrive que le projectile pendant la perforation s'infléchit toujours vers la normale, de sorte que la résistance qu'il rencontre en réalité est moindre que celle qui est exprimée par le carré de l'épaisseur, comptée en ligne droite. Nous croyons, par suite, qu'il est aussi exact et en même temps assez approché pour l'objet que nous avons en vue, de déterminer simplement la moyenne des épaisseurs obliques.

Nous obtiendrons cette moyenne dans le cas des tourelles en calculant la moitié de l'aire de la couronne qui forme la section de l'enveloppe cuirassée et divisant par le diamètre intérieur d la portion de cette surface comprise entre deux tangentes menées par les extrémités de ce diamètre.

Soit $D = 2R$ le diamètre extérieur de la tourelle et $2r$ le diamètre intérieur de la couronne cuirassée, la demi-surface de cette couronne sera :

$$\frac{1}{2} \pi (R^2 - r^2) = \frac{1}{2} \pi = (R + r)(R - r)$$

ou en appelant e l'épaisseur de la cuirasse :

$$\frac{1}{2} \pi (D - e) e$$

Les parallèles tangentes au cylindre intérieur interceptent sur la circonférence menée à mi-épaisseur de la cuirasse un angle α que nous pouvons exprimer en fonction de π, ce qui nous donnera pour surface de la portion de couronne qui nous intéresse :

$$\frac{1}{2} \alpha (D - e) e$$

---

l'incidence pour laquelle il se produit n'a rien de déterminé, et varie à la fois, pour le même projectile, avec sa vitesse et avec la résistance de la muraille. Dans certaines expériences on a pu traverser sous une incidence de 85° une muraille formée d'une tôle recouverte par un bordé en bois.

et pour valeur de l'épaisseur moyenne :

$$\frac{\alpha (D - e) e}{2d}$$

Lorsque la cuirasse sera en deux plans il y aura lieu à deux calculs séparés dont les deux moyennes devront s'ajouter.

Voici les éléments de ce calcul pour deux tourelles de diamètres et de constitutions différents :

		GLATTON.	DREADNOUGHT Plan	
			extérieur.	intérieur.
Diamètre	extérieur D ou D'.	9,45	9,83	9,018
	intérieur tôles d.	7,91	8,28	
Épaisseur de cuirasse	maximum.	35,6	17,5[1]	17,5[1]
	minimum.	30,5		
	effective	31,5	35	
Angle sous-tendu par la projection du diamètre intérieur.		121°	118°	139°
Épaisseur moyenne.		33,4	24	22,65
			43,65	
Rapport de l'épaisseur moyenne à l'épaisseur normale.		1,22	1,215	

Le renforcement procuré par la forme courbe peut donc se chiffrer par un coefficient qui peut varier de 1,20 à 1,25.

Pour les murailles planes nous obtiendrons la moyenne des épaisseurs comptées suivant toutes les incidences autour d'un même point, par le raisonnement suivant. Soit i l'angle que fait la direction d'un coup quelconque avec la normale, l'épaisseur dans cette direction sera, en prenant l'épaisseur normale pour unité :

$$\frac{1}{\cos i}$$

Supposons que nous voulions obtenir la moyenne des incidences de o à I. On pourrait arriver au résultat en construisant une courbe avec les valeurs de i pour abcisses et celles de $\frac{1}{\cos i}$ pour ordonnées. Il n'y aurait alors qu'à diviser l'aire de la couche par l'abcisse du dernier point pour avoir la moyenne des ordonnées. C'est ce que fournira l'expression :

$$\frac{1}{I} \int_0^I \frac{di}{\cos i}$$

---

[1] En comptant le pouce à 25 millimètres, à cause du matelas interposé.

Or :
$$\int \frac{di}{\cos i} = l \cdot tg\left(\frac{\pi}{4} + \frac{i}{2}\right)$$

Cette intégrale devient infinie lorsqu'on y fait i égal à 90°, mais il n'est pas nécessaire d'atteindre une limite aussi élevée, car la remarque que nous avons faite à propos des tourelles s'applique ici, les directions très-obliques prolongées en droite ligne peuvent ne pas atteindre l'enveloppe intérieure. Seulement l'angle limite varie avec la distance du point d'incidence à l'extrémité de la muraille plane, de sorte qu'il y aurait encore ici une moyenne à établir, moyenne variant elle-même avec la longueur totale de la muraille plane. Nous avons admis que la limite en question devait se trouver dans les environs de 85°, ce qui conduit au résultat suivant :

$$\int_0^{84°} \frac{di}{\cos i} = l \; tg \; (45° + 42°) - 0$$

Or :
$$84° = 0,935 \frac{\pi}{2}$$

Il vient donc :
$$\frac{2}{0,935 \, \pi} l \cdot tg \, 87° = 2,01$$

Ainsi la moyenne des épaisseurs obliques d'une plaque de cuirasse est à peu près le double de son épaisseur normale. Appelons épaisseur effective de la muraille la moyenne générale des épaisseurs qu'elle offre aux projectiles qui arrivent sous les incidences pouvant se présenter dans le combat, en distinguant les coups normaux et les coups obliques. Si, par exemple, la muraille reçoit trois coups normaux contre un oblique, nous dirons que son épaisseur effective est :

$$\frac{2 + 1 + 1 + 1}{4} = 1,25$$

chiffre au moins égal à celui auquel nous sommes arrivé pour représenter l'épaisseur effective d'une tourelle.

Il ne nous a pas semblé que dans un combat la proportion des coups normaux aux coups obliques dût être plus grande que celle de 3 à 1, même sur des murailles planes parallèles aux axes du bâtiment. Les enseignements qui se dégagent des rencontres dans lesquelles a figuré la cuirasse ne sont pas assez précis pour nous éclairer sur ce point ; car il ne suffit pas de savoir que les incidences des coups étaient la plupart du temps obliques, il faudrait qu'on eût noté si les murailles qui les ont reçus étaient planes ou courbes. Cependant on doit remarquer que dans l'affaire du *Huascar*, sur une dizaine de projectiles qui ont atteint le blindage de ce petit cuirassé, un seul est signalé comme ayant frappé normalement [1], et ce coup normal est précisément échu à la tourelle, qui n'en a pas reçu d'autre.

En résumé, l'avantage défensif que procureraient les murailles courbes en raison de l'obliquité des surfaces qu'elles présentent aux projectiles, est assez discutable pour que nous n'ayons pas cru devoir nous préoccuper de cette question, et nous avons inscrit dans les tableaux pour toutes les murailles les épaisseurs normales du blindage.

35. Les colonnes dont on vient d'expliquer la destination signalent le blindage là où il existe ; il faut aussi tenir compte de son absence dans les endroits où la protection serait nécessaire. C'est ainsi que la grandeur du sabord, d'où dépend la facilité des coups d'embrasure, doit appeler notre attention. Nous représenterons cette influence par des coefficients qui devront modifier les résistances déduites, pour les différentes parties de la muraille, des épaisseurs qui ont été enregistrées.

Le canon, qui est forcément le plus exposé des éléments qui concourent à la puissance de l'artillerie, a reçu, suivant que le système adopté le démasquait plus ou moins, un coefficient x dont voici les différentes valeurs :

```
Tourelles mobiles. . . . . . . . . . . . . . . . . .  0,9
           ( Champ de tir d'environ. . .  30° . . . . 0,8
Batteries. {    Id.      de 60° à   70° . . . . 0,7
           (    Id.      de 90° à  110° . . . . 0,6
Tours      ( Affûts à éclipse. . . . . . . . . . . .  0,4
barbettes. ( Système ordinaire . . . . . . . . . . .  0,0
```

Le canon n'est pas seul découvert par le sabord ou la disposition en barbette ; l'affût est aussi dans une certaine mesure exposé aux coups arrivant sous une incidence négative, aux obus éclatant sur les parements de sabords [2], ou sur la pièce même. Un projectile qui entre par le sabord d'une batterie peut aller prendre à revers les mécanismes d'un canon du bord opposé. Aussi a-t-il été nécessaire d'introduire un autre facteur qui entraîne naturellement des réductions moins grandes que le précédent, puisqu'il s'applique à un accident plus rare que l'atteinte du canon lui-même. Ce coefficient y aura les valeurs suivantes :

---

[1] *Revue maritime* de septembre 1877, chronique, p. 805.
[2] Ce genre d'accident s'est souvent produit à la bataille de Lissa. (*Revue maritime*, septembre 1866, p. 241 ; d'octobre 1866, p. 168.)

Tourelles mobiles	1,0
Batteries	
Tours barbettes avec { affût à éclipse . . . . { chargement abrité [1]	0,9
Tours barbettes, système ordinaire	0,8

36. Enfin nous devons apprécier la valeur défensive des redoutes ouvertes à la gorge qui forment le caractère distinctif de quelques bâtiments anglais de construction récente, après avoir été, dès 1865, adoptées sur l'*Hercules* et le *Monarch* pour des pièces de petit calibre. Dans ces constructions on fait l'économie de l'une des cloisons transversales nécessaire pour fermer l'enceinte, celle de l'arrière quand la redoute est située à l'avant du bâtiment, celle de l'avant quand elle est tournée vers l'arrière. Sur le *Nelson*, le contour cuirassé mesure une trentaine de mètres, tandis que la largeur de la batterie, là où une cloison cuirassée serait nécessaire pour le compléter, est d'environ 16 mètres. Il eût donc fallu, pour trouver le poids de cette cloison, réduire le blindage de l'ensemble aux $\frac{2}{3}$ au moins de son épaisseur, et par suite la résistance moyenne aux $\frac{4}{9}$ ou à 0,45 de ce qu'elle est actuellement sur les parties blindées.

Cherchons dans quelles conditions défensives se trouve une de ces redoutes considérée d'abord comme si elle existait seule, ce qui est le cas du *Shannon*. A l'avant, les pièces de 18 tonneaux que couvre le masque cuirassé peuvent être atteintes par tous les coups tirés en arrière du travers ; ces pièces ont donc à craindre les ennemis placés par rapport à elles dans toute la moitié de l'horizon qu'elles laissent en arrière.

On peut inférer de ce que nous avons dit au sujet de l'importance du tir dans les différentes directions, que les projectiles ennemis ne sont pas également à craindre sur toutes les parties d'une enceinte cuirassée. La plupart du temps, aux coups tirés par le canon de chasse de l'ennemi, le bâtiment dont nous considérons la protection présentera son avant et son travers aux coups tirés en belle. Cependant il n'en sera pas toujours ainsi, la protection sur les faces obliques devra présenter plus d'importance que nous n'en avons accordé au tir oblique. On pourrait représenter les dangers qui menacent le bâtiment dans les

---

[1] Nous appelons chargement abrité celui qui est employé pour certaines pièces françaises. Dans ce système, le canon prend une grande inclinaison positive, de manière que la culasse descende dans l'entre-pont inférieur, où elle est chargée à l'abri.

— 71 —

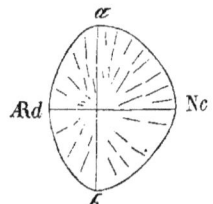

différentes directions rayonnant du centre à protéger par des rayons vecteurs de longueur convenable, tous issus de ce centre. Les rayons dirigés vers l'avant et le travers seraient égaux et doubles de celui de l'extrême arrière. La surface comprise dans le contour auquel aboutiraient les rayons vecteurs représenterait le total des dangers qui menacent le bâtiment [1]. Quelle que fût la forme du contour, on obtiendrait ainsi, de part et d'autre de la base commune $a b$, deux surfaces sensiblement proportionnelles à leur hauteur, c'est-à-dire doubles l'une de l'autre.

On conclura de cette discussion que la redoute considérée protégeant les pièces de 18^{tx} contre les dangers représentés par la surface $a b c$ réalise les deux titres d'une protection complète. On pourrait prétendre que la protection est en réalité un peu plus avantageuse parce que la redoute est défendue contre tous les coups l'attaquant exactement par le travers, et qu'en outre étant située à l'extrémité avant, elle se trouve forcément devant des obstacles qui dévieront les projectiles ou diminueront leur force vive. Mais, inversement, si la cloison transversale se trouve à l'extrémité, elle n'a guère d'obstacles devant elle pour la couvrir, ce qui ne nous empêche pas d'augmenter de 2 centimètres le chiffre qui représente l'épaisseur de ce masque comme dans le cas des cloisons du réduit central, et, d'un autre côté, il faut songer que l'ennemi, connaissant le point faible de ces navires à protection intermittente, s'attaquera de préférence au défaut de la cuirasse. Nous nous tiendrons par suite au chiffre de $\frac{2}{3}$, coefficient que nous appellerons Z. Cette fraction, il faut le reconnaître, attribue une efficacité assez avantageuse à cette disposition, puisque nous avons vu qu'un blindage continue de même *section protégée* [2] et de même

---

[1] Dans cet ordre d'idées, M. Bertin a proposé un cuirassé dans lequel les panneaux, munis de surbaux blindés à faces planes, d'épaisseur constante, avaient la forme de losanges dont les diagonales étaient parallèles aux axes du bâtiment. En partant des considérations qui nous ont conduit au tracé de la figure a, b, c, d, il serait rationnel, dans le cas des murailles planes, de donner à ces enceintes la section d'un triangle-rectangle dont le sommet serait tourné vers l'avant et l'hypoténuse dirigée transversalement.
Remarquons, à ce propos, que les réduits, dont tous les sabords sont découpés dans des pans obliques dirigés à 45° de l'axe, assurent à leur artillerie une protection plus efficace que ceux qui conservent des sabords par le travers, observation qui trouve son application quand on compare, par exemple, le réduit du *Custozza* à celui du *Redoutable*.

[2] En complétant ces redoutes par une cloison à la gorge, on arriverait à une disposition qui se trouve réalisée sur plusieurs cuirassés italiens, tels que le *Principe-Amedeo*.

poids, n'aurait plus que les $\frac{4}{9}$ de la résistance locale réalisée sur le *Shannon*.

Sur le *Nelson*, la redoute arrière masque celle de l'avant pour certaines incidences comprises dans un angle assez petit, il est vrai, mais dont nous tiendrons compte pour augmenter la valeur de z, qui sera comprise entre 0,7 et 0,8 pour la redoute N.

Si nous répétons le même raisonnement pour la redoute arrière du *Nelson*, supposée seule, nous voyons que la protection réalisée n'est guère que le tiers d'une protection complète; en tenant compte de la redoute avant et des autres obstacles protecteurs, nous attribuerons à cette redoute une valeur de z comprise entre 0,4 et 0,5.

Comme on le voit, nous faisons intervenir pour apprécier ces redoutes, outre le genre de tir auquel la gorge est exposée de la part de l'ennemi, la présence du côté de la gorge d'une autre construction cuirassée, et la distance à laquelle cette construction se trouve.

Il est inutile de faire entrer le coefficient z directement dans les tableaux, il servira seulement à modifier les valeurs de x et de y adoptées pour les batteries, de manière à fournir ces mêmes coefficients pour les types que nous venons d'examiner. Nous citerons, comme exemple, les résultats de la multiplication pour les types *Shannon* et *Nelson*, dont les sabords permettent un champ de tir de plus de 90 degrés.

		$x = z \times 0,6$	$y = z \times 0,9$
Shannon		0,4	0,6
Nelson	Redoute Av	0,45	0,7
	— Ar	0,3	0,4

Comme on le voit, nous avons arrondi les chiffres pour ne pas porter dans les calculs une exactitude que ne comportent pas les observations sur lesquelles ils sont fondés [1].

37. Nous avons distingué, dans ce qui précède, le blindage du canon et celui des mécanismes : c'est que ces éléments de la puissance du canon ne réclament pas tous deux la même protection.

---

[1] Le *captain* Scott, dans sa lecture du 30 juin 1876 à l'*United Service Institution* « *The maritime defense of England, including offensive and defensive warfare* », a vivement critiqué les bâtiments du genre *Nelson*. Dans une description des bâtiments d'un nouveau type, dont les plus grands atteignent le déplacement du *Nelson* et du *Northampton*, il déclare que ces derniers diffèrent des deux classes de navires proposés, car « ils ne sont pas conçus pour combattre avec des cuirassés » (p. 468). Plus loin, il déclare qu'il « croit avoir démontré péremptoirement que les cloisons cuirassées destinées à la protection contre le tir d'enfilade, sont de peu de valeur, à moins qu'elles ne soient reliées latéralement par une muraille cuirassée complétant l'enceinte » (p. 479).

Le canon, peu vulnérable par lui-même, ne présente pas un objectif facile à atteindre ; on peut donc à la rigueur le laisser découvert.

Les mécanismes, au contraire, qui doivent, pour fonctionner, rester intacts jusque dans leurs moindres détails, sont délicats et incapables de résister au choc des plus petits obus ; leur protection s'impose donc comme une nécessité de premier ordre pour les énormes canons actuels, dont chacun représente une part si considérable de la puissance du navire.

Nous allons plus loin et nous prétendons qu'on commet une grave imprudence quand on renonce à protéger les mécanismes de ces gigantesques bouches à feu pour augmenter leur nombre. M. de Bussy a démontré qu'il suffirait, pour cuirasser à 60 centimètres les mécanismes d'un canon de 100 tonneaux, d'un poids à peine égal à celui que coûte cette pièce avec son affût, sa plate-forme tournante, sa machine hydraulique et ses approvisionnements. Ce poids ne serait d'ailleurs pas deux fois plus grand s'il s'agissait de deux canons installés sur la même plate-forme. En supprimant le blindage des mécanismes, on pourra donc tout au plus doubler le nombre des canons.

Imaginons maintenant une lutte entre deux navires différant seulement par leur artillerie. A est armé d'un canon de 100 tonneaux dont les mécanismes sont cuirassés à 60 centimètres. Il possède, en outre, vingt pièces de $10\%_m$ en acier pesant ($1^t,2$) ou dix de $14\%_m$ pesant ($2^t,7$), lesquelles ne sont aucunement protégées, parce qu'elles sont assez nombreuses pour qu'il y ait peu de chance de les voir toutes paralysées dans un combat, et que d'ailleurs la perte de chacune est insignifiante. Le cuirassé B, lui, porte deux pièces de 100 tonneaux décuirassées, pesant autant que le canon blindé de A, et en outre, un canon de 25 à 30 tonneaux équivalant aux petites pièces de son adversaire, si on ne veut pas lui donner de petit calibre. Nous irons même jusqu'à admettre, si l'on veut, que B porte trois pièces de 100 tonneaux sans dépasser le poids de l'armement de A, blindage compris.

Ces deux navires se précipitent l'un sur l'autre et engagent le combat. A se sert d'obus, B de boulets. La probabilité est manifestement pour qu'au bout d'un temps donné, le gros canon du premier soit encore en état de tirer et les canons de B hors de combat. Supposons même que la grosse artillerie soit également paralysée sur les deux bâtiments, il restera encore à A son artillerie légère, qui mitraillera l'équipage de B et ravagera ses œuvres mortes non cuirassées.

Supposons, au contraire, que B n'ait pris que deux canons de 100 tonneaux et des petits calibres pour éteindre ceux de A, alors A sera encore plus certain de conserver son canon de 100 tonneaux et pourra, quand il aura réduit ceux de son adversaire au silence, tourner ses coups contre les parties vitales de ce dernier.

38. Si absolues que paraissent ces conclusions, elles ne sont pas plus radicales que celles du *Captain* Scott, qui disait en 1875[1] : « Je ne doute pas un instant qu'un boulet de 64 livres tiré à grande vitesse ne fasse à ce gros canon (de 80 tonneaux) assez de mal pour le paralyser absolument », et plus loin : « Je suis d'avis qu'il faut examiner sérieusement si les canons ne sont pas réellement ce qu'il y a de plus important à protéger, ou s'ils ne sont pas à peu près aussi importants que l'appareil moteur. » Il est hors de doute que les parties vitales du navire ont par elles-mêmes plus d'importance que les gros canons et leurs mécanismes, mais ce qui peut justifier le jugement que nous venons de citer, c'est que la flottaison et par suite l'appareil moteur ne seront peut-être pas, dans une bataille navale, les objectifs le plus souvent touchés. Tant que les combattants se tiennent à distance, on vise le bâtiment ennemi en bloc, on ne peut prétendre atteindre un point en particulier ; c'est le hasard qui distribue les coups. Mais les bâtiments se rapprochant, les voilà à bout portant ; ils se prolongent bord à bord. C'est le moment le plus chaud de l'action, toutes les pièces tonnent, les combattants sont enveloppés de fumée. Là encore pourra-t-on, osera-t-on viser la flottaison ? Il serait téméraire de l'affirmer, car bien souvent on ne verra de son ennemi que la mâture, et de plus il y aura, en supposant que les pièces puissent être portées au tir négatif convenable pour atteindre la ceinture du cuirassé ennemi, trop de chance de manquer ce but étroit pour qu'on le vise de préférence. Les coups pointés trop haut atteindraient l'entre-pont supérieur et pourraient faire du mal, c'est vrai, mais les projectiles envoyés trop bas tomberaient à la mer et seraient perdus. On hésitera à perdre un coup sur un navire qui n'en peut tirer que quatre ou six à la fois, comme les cuirassés actuels. On préférera donc le plus souvent laisser les pièces horizontales dans le tir à bout portant et, par suite, s'attaquer surtout à l'artillerie ennemie.

Si la perforation de la ceinture de flottaison est plus redoutable que

---

[1] *Transactions of Naval Architects*, 1875, p. 126.

celle de la batterie ou des tourelles, il faut convenir qu'elle sera probablement moins fréquente, et l'on conçoit que lorsque le poids d'une pièce de canon et de ses accessoires arrive à être de l'ordre de celui de l'appareil moteur, on trouve rationnel de la protéger au moins autant que la flottaison. Il était peut-être exagéré, autrefois, quand il ne s'agissait que de pièces de 25^{tx}, de cuirasser les tourelles du *Monarch* à 8 et 10 pouces, tandis que la flottaison était garantie seulement par des plaques de 7 pouces, mais on trouvera naturel que le *Furieux* porte des plaques de 50 centimètres aussi bien devant les mécanismes des canons que devant le moteur ; que l'épaisseur de 55 centimètres, qui défend sur l'*Indomptable* la pièce de 45 centimètres avant, soit à peine égalée par celle de la ceinture de flottaison.

39. Nous avons fait remarquer que l'artillerie légère pouvait se passer de protection. Si l'armement d'un navire se composait uniquement de petits calibres, on pourrait donc supprimer le cuirassement de l'artillerie. On a proposé des cuirassés conçus dans cet esprit, qui, hérissés de petits canons, auraient borné la dépense de blindage à une protection énergique de la coque. Les canons ne seraient plus alors destinés à couler le navire ennemi, mais, avec l'aide d'une mousqueterie bien nourrie, ils mettraient les grosses pièces hors de combat ou du moins en rendraient le service impossible en mitraillant les canonniers; ils décimeraient l'équipage et peut-être atteindraient le commandant; ils pourraient même allumer l'incendie dans les logements; en un mot, impuissants contre la coque du navire, contre sa partie matérielle, son corps pour ainsi dire, ils s'attaqueraient aux organes délicats d'où il tire sa puissance, à l'élément moral qui le fait mouvoir, à l'âme qui le fait vivre, si la comparaison n'est pas trop audacieuse. Une pareille tactique peut se justifier, et rien ne dit qu'elle ne serait pas suivie de succès ; c'est ainsi qu'au combat de Mobile le *Tennessee* se rendit plutôt parce que son équipage était « épuisé et suffoqué par la fumée » et l'amiral Buchanan hors de combat, que parce qu'il avait reçu des avaries majeures[1].

Nous ne défendons pas quand même le cuirassement de l'artillerie, mais nous croyons qu'il est imprudent de l'abandonner tant qu'on conservera les gros calibres : si l'on veut procéder au décuirassement

---

[1] *L'artillerie, la cuirasse et l'éperon.* (*Revue maritime* de mai 1871, p. 455).

de l'artillerie, il faut commencer, qu'on nous passe ce barbarisme, par son *décalibrement*.

40. On a, jusqu'à présent, passé sous silence la protection du personnel attaché au service des pièces, et nous négligerions de la faire intervenir dans la formule si les servants se trouvaient, dans tous les systèmes, répartis de la même façon autour du canon et des mécanismes; on pourrait alors considérer la question comme implicitement traitée quand on a apprécié la protection du matériel, et nous éviterions ainsi de prendre part à la controverse qui s'est engagée pour savoir si l'on devait ou non rechercher pour le personnel la protection du blindage. Mais, tandis que dans les batteries et les tourelles mobiles[1] les hommes se tiennent par le travers des canons ou des mécanismes, dans les tours barbettes ils sont presque tous au-dessous du canon, de telle sorte qu'en moyenne le personnel est plus complétement masqué par le blindage dans ces dernières que dans les batteries à grands sabords. Nous sommes donc obligé, pour tenir compte de ces distinctions, d'ouvrir une colonne spéciale pour le personnel, dans laquelle nous ne pouvons inscrire des quantités positives que si le blindage est réellement une sauvegarde pour les hommes.

La plupart des auteurs qui ont discuté la question ont conclu que la cuirasse était pour le personnel plutôt un danger qu'une protection lorsqu'elle est pénétrable[2]. Or, toute cuirasse est pénétrable, car jusqu'à présent, quelle que fût l'épaisseur du blindage sur les bâtiments mis à flot, il s'est toujours trouvé sur un ou plusieurs navires des canons qui pouvaient le percer quand la distance et l'incidence se trouvaient favorables. Mais remarquons qu'il faut quatre conditions pour qu'un canon perce la cuirasse qui lui est opposée. Ce canon doit être assez puissant, assez rapproché, assez normal et, enfin, doit toucher le but. La dernière condition ne doit pas être passée sous silence car, à la bataille de Lissa « les navires de Tegethoff n'ont presque pas été touchés[3] » et dans la récente affaire du *Huascar* et du *Shah*, ce dernier n'aurait pas été atteint du tout[4]. La condition relative à l'incidence n'est

---

[1] Nous y ajouterons la disposition qui consiste à installer la pièce sur une plate-forme tournante qu'on entoure d'une ceinture cuirassée d'environ 1m,50 de hauteur, protégeant les mécanismes et formant seuillet pour la pièce. C'est le système adopté sur le *Furieux*.
[2] Il faut en excepter M. Barnaby qui, en 1876, disait à la Société des *Naval Architects*: « La cuirasse verticale doit être conservée pour protéger les ouvertures dans la cuirasse horizontale, la flottabilité et la stabilité du bâtiment, et, jusqu'à un certain point, les canons et les canonniers. » *Transactions*, p. 5.
[3] *Revue maritime* d'octobre 1866, p. 158. D'après le *Times*.
[4] *Revue maritime* de septembre 1877. (Chronique.)

pas moins importante puisque, dans le même engagement, le cuirassé, souvent touché, n'aurait été percé qu'une fois par les canons du croiseur [1], et qu'à Lissa la plupart des coups relevés sur les cuirasses autrichiennes étaient « des coups obliques, à en juger par les traces peu importantes des obus [2] ».

On voit donc combien les expériences de polygone sont difficiles à reproduire dans la pratique. C'est possible, dira-t-on, mais enfin tôt ou tard la cuirasse sera percée et alors les ravages produits dépasseront de beaucoup ceux qu'auraient causé dans une construction légère les projectiles qui n'ont pas pénétré. Là en effet est toute la question : le résultat final est-il plus désastreux pour les cuirassés que pour les bâtiments non cuirassés? C'est ce que l'expérience seule peut apprendre. Si nous consultons l'action navale la plus importante depuis l'apparition des cuirassés, nous voyons qu'à la bataille de Lissa les Autrichiens eurent « 136 hommes hors de combat, dont 105 appartenant au *Kaiser* [3] », vaisseau non cuirassé. Or, cette disproportion ne provient pas de ce que les canons italiens étaient impuissants contre les cuirasses autrichiennes, car « l'*Affondatore*, le *Re d'Italia*, le *Varese* et le *Palestro* avaient chacun deux canons Armstrong de 25%, (10 pouces), lançant des projectiles de 300 livres [4], et les cuirassés autrichiens ne portaient pas de plaques de plus de 12 centimètres d'épaisseur [5]. L'article de la *Revue des Deux-Mondes* sur la bataille de Lissa [6] constate que le tir de l'artillerie « fut impuissant contre les cuirasses, pas une seule n'a été sérieusement endommagée ». Et l'auteur ajoute : « Quelques obus seulement en perçant les murailles non blindées, ainsi que cela eut lieu à bord de l'*Ancona*, en pénétrant par l'ouverture des sabords ou en éclatant sur leurs arêtes, firent un peu de ravage ». Pour les autres combats de mer, nous ne pouvons mieux faire que de consulter la remarquable étude de M. le lieutenant de vaisseau Chabaut-Arnault, intitulée : *L'Artillerie, la cuirasse et l'éperon dans les rencontres entre navires*. Après avoir passé indistinctement en revue toutes les affaires dans lesquelles ont figuré des cuirassés, M. Chabaud-Arnault conclut ainsi : « A Lissa, comme dans les combats de la guerre d'Amérique, les canons des cui-

---

[1] *Revue maritime* de septembre 1877. (Chronique.)
[2] *Revue maritime* de mars 1877, p. 588. (Rapport officiel autrichien.)
[3] *Revue maritime* de septembre 1866, p. 243. (D'après le *Times*.)
[4] *Revue maritime* de mai 1874, p. 458.
[5] *Revue maritime* d'octobre 1866, p. 458. (D'après le *Times*.)
[6] Livraison du 15 novembre 1836, p. 318.

rassés rendirent aux navires en bois [1] bien au delà du mal causé par l'artillerie de ces derniers : les avaries et les pertes en hommes du *Congress* à Hampton, des canonnières fédérales à Vicksburg, à Charleston et au Raonoke, du *Hartford* à Mobile et du *Kaiser* à Lissa, sont là pour en témoigner [2] ».

Ainsi dans des combats où se trouvaient des cuirassés facilement pénétrables dans un polygone par le canon qu'on leur opposait, des cuirassés qui, d'ailleurs, ont été parfois pénétrés dans le combat, les *pertes en hommes* ont été surtout sensibles pour les navires non cuirassés.

Ces citations paraissent suffisantes [3] pour nous autoriser à considérer comme un avantage l'obstacle d'une cuirasse entre les artilleurs et le feu de l'ennemi, quelque dangereux que soient d'ailleurs les débris provenant de la muraille cuirassée elle-même lorsqu'un projectile pénètre. Du reste, on doit le remarquer, la peinture saisissante et malheureusement trop vraie qu'une plume autorisée a faite avec tant d'éloquence des ravages produits par un boulet qui projette « un cône meurtrier de bois et de fer [4] » sur les canons et les canonniers, cette démonstration par les faits des inconvénients d'un trop faible champ de tir s'applique surtout à une batterie blindée, au « fort central » des cuirassés actuels. M. le vice-amiral Touchard le dit positivement : « Il y aurait donc avantage à décuirasser le réduit », et il admet la nécessité d'une protection transversale dans les navires d'escadre, il recommande les types *Devastation* et *Inflexible*, dont les canons sont installés dans des tourelles cuirassées. Or, la traverse cuirassée du projet de M. Barnaby, projet que l'amiral prend pour type, a une épaisseur de moins de 28 centimètres [5]. Les bâtiments proposés par M. Gérard Noël ont simplement aux extrémités une cuirasse *légère*, c'est-à-dire notablement infé-

---

[1] Navires en bois est ici synonyme de navires non cuirassés, car les cuirassés aussi étaient en bois pour la plupart.
[2] *Revue maritime* de mai 1874, p. 470.
[3] On peut y ajouter l'opinion que paraissent impliquer, chez les auteurs de cuirassés tout récents, certaines dispositions défensives. C'est ainsi que sur le *Solimoës*, cuirassé à 30 centimètres à la flottaison, la tourelle du commandant n'est blindée qu'à 10 centimètres ; sur le *Turenne*, la teugue renfermant la pièce de chasse et ses servants est recouverte de 7 centimètres de tôles superposées ; sur le *Nelson*, l'épaisseur du bordé en tôle a été doublée pour la batterie décuirassée et portée à 25 millimètres. Il est évident qu'ici les auteurs des plans ne croyaient pas que ces murailles pussent résister à l'artillerie ; cependant ils ont pensé que ces faibles blindages, pénétrables par le plus petit calibre, constituaient néanmoins un abri pour les pièces et le personnel.
[4] *Encore la question du décuirassement*, par M. le vice-amiral Touchard. (*Revue maritime* d'août 1876, p. 321.)
[5] Épaisseurs à la flottaison.

rieure à 35 centimètres[1]; enfin les plaques des tourelles de la *Devastation*, du *Duilio* et de l'*Inflexible* n'ont pas plus de 35 et 45 centimètres, épaisseurs qui sont traversées par le canon français de 39 tonneaux et le canon anglais de 38 tonneaux. Ainsi, quelque désirable qu'il soit d'assurer l'impénétrabilité aux blindages peu étendus que l'on conserve devant l'artillerie, on voit qu'on n'a pu obtenir ce résultat, même sur des navires de plus de 11,000 tonneaux. Mais ce qu'on a obtenu, c'est la suppression du réduit ; le but qu'on a réalisé, c'est, dans le *Nelson*, de disperser les pièces sur toute la longueur du bâtiment, c'est de les diviser en groupes de deux canons sur les cuirassés à tourelles mobiles, c'est mieux encore d'appliquer judicieusement les deux systèmes au même navire en isolant complétement, dans une enceinte cuirassée distincte, chacun des gros canons, et en espaçant[2] les petits calibres dans une batterie décuirassée. Ainsi sont conçus les types *Turenne* et *Amiral Duperré* qui, avec leurs gros calibres « tous établis en barbette sur affût tournant », n'offrent aucun des inconvénients des batteries cuirassées.

41. Ayant trouvé qu'il y avait intérêt à protéger le personnel, nous avons encore à fixer l'importance de cette protection relativement à celle du canon et des mécanismes. Le canon est peu vulnérable, les mécanismes le sont essentiellement; entre les deux se place le personnel, dont les individus sont aussi faciles à paralyser que les organes de la manœuvre, mais sont indépendants les uns des autres, et peuvent être remplacés à mesure qu'ils sont mis hors de combat; d'ailleurs le personnel même décimé continue le service des pièces.

Dans quelle proportion l'importance de la protection est-elle moins grande pour le personnel que pour les mécanismes? C'est ce que nous n'avons pas la prétention de décider. Cherchons seulement si l'examen de ce qui se pratique ne pourrait pas nous donner quelque lumière à ce sujet. Or, nous voyons qu'en s'ingéniant à réduire l'épaisseur de la cuirasse sur tous les points où la protection est relativement moins nécessaire, on a trouvé qu'il était logique d'employer à la hauteur des sabords des plaques moins épaisses qu'au-dessous des seuillets, comme le montrent les chiffres suivants[3] :

---

[1] Épaisseurs à la flottaison.
[2] Du nombre et de l'espacement des pièces légères dépendra la convenance de leur assurer une protection contre les coups d'enfilade.
[3] La même différence ne s'observe pas sur les tourelles mobiles, probablement parce que tout projectile pénétrant, étant réfléchi sur les parois de la tour, mettrait infailliblement les mécanismes hors de service.

	Épaisseur par rapport aux seuillets	
	au-dessus.	au-dessous.
Redoutable...............	24 c/m	30 c/m
Foudroyant[1]............	24 c/m	32 c/m [2]
Kaiser...................	8″	10″
Mess-Oudyich.............	7″	9″
Hercules.................		
Sultan...................		
Almirante-Cochrane.......	6″	8″
Temeraire................		
Alexandra (batterie supérieure)[2].		

Or, ne peut-on pas admettre que, dans l'esprit de l'auteur des plans, l'épaisseur de la virure d'entre-sabords indique à peu près la résistance qu'il aurait jugé convenable de donner à toute la muraille, s'il n'avait eu que les hommes à protéger et pas les mécanismes? Nous disons « à peu près », car, comme nous l'avons fait remarquer, les mécanismes peuvent à la rigueur être atteints par les projectiles arrivant par le sabord, ou, ce qui revient au même, traversant la virure d'entre-sabords; il a donc dû entrer dans la fixation de l'épaisseur de cette virure une certaine préoccupation de compléter la protection fournie par la virure inférieure aux mécanismes[3]. Aussi, pour comparer la protection des mécanismes et du personnel, choisirons-nous de préférence les bâtiments qui offrent les chiffres les plus écartés. Si donc nous prenons le rapport des résistances de la cuirasse, au-dessus et au-dessous des seuillets de sabords, pour le *Foudroyant* ou pour l'*Hercules* et ses dérivés, nous trouvons :

$$\left(\frac{24}{32}\right)^2 = \left(\frac{6}{8}\right)^2 = \left(\frac{3}{4}\right)^2 = 0,563.$$

Les considérations qui précèdent nous conduisent à prendre 0,5 comme le rapport qui doit exister entre la protection du personnel et celle des mécanismes.

Pour fixer le coefficient qui convient à la protection du canon, nous remarquerons simplement que tantôt dans les batteries la pièce reçoit avec le personnel une protection moitié moins grande que les méca-

---

[1] Les mécanismes sont ici plus protégés que sur le *Redoutable*, parce qu'ils appartiennent à des pièces de plus gros calibre. La protection du personnel est la même.

[2] L'épaisseur est partout de 8″ à la batterie inférieure dans laquelle il y a à protéger les panneaux des cheminées.

[3] C'est ce qui fait sans doute que les premiers cuirassés français, jusqu'au *Colbert* inclusivement, présentent la même épaisseur de cuirasse sur toute la hauteur de leurs batteries.

nismes, tantôt dans les tourelles barbettes elle n'en reçoit aucune. Nous en avons conclu que l'importance de la protection du canon pouvait être considérée comme le quart de celle des mécanismes.

Un mot encore avant d'arriver à l'expression de la protection des éléments de l'artillerie. Nous ne reconnaîtrons aucune supériorité aux pièces dont la protection occupe deux entre-ponts, quoique dans ce cas le poids dépensé soit plus considérable que lorsqu'il s'agit simplement de couvrir l'affût et le châssis. C'est que ces mécanismes et le blindage qu'ils nécessitent n'ont d'autre objet que de rendre possible le service de l'énorme bouche à feu et de la doter d'une rapidité de tir comparable à celle des pièces qui se manœuvrent aisément à bras d'hommes[1]. Grâce à cette observation, et considérant d'ailleurs qu'à la mer le pointage occupe un temps notable qui diminue d'autant l'importance de la promptitude du chargement, nous pourrons éviter de faire figurer dans la formule la vitesse du tir, sur laquelle nous n'avons aucune donnée.

Cependant la connaissance de la protection des mécanismes de l'entre-pont inférieur était nécessaire, parce qu'elle est souvent très-différente de celle qui est attribuée à l'affût et au châssis; nous aurons à tenir compte des résultats afférents aux deux entre-ponts.

Cela étant établi, la protection des mécanismes sera la moyenne des résistances des différentes parties des murailles qui les entourent, moyenne modifiée par le coefficient y que nous avons défini :

$$m^2 = \frac{1}{4} y \left(b^2 + \overline{bt + 2}^2 + a^2 + \overline{at + 2}^2 \right).$$

Pour les pièces dont toute la manœuvre est concentrée dans la batterie, (b) et $(bt + 2)$ sont remplacés par (a) et $(at + 2)$.

La protection du canon s'obtiendra par une opération analogue :

$$c^2 = \frac{1}{2} x \left(d^2 + \overline{at + 2}^2 \right)$$

A quoi il faut ajouter la protection du personnel qui, d'après ce que nous avons dit, variera suivant le système d'installation adopté. Dans les batteries, à moins que la manœuvre ne se fasse en partie dans l'en-

---

[1] Dans la *Guerre d'escadre et la guerre de côtes*, on lit, p. 142, que, grâce à des mécanismes hydrauliques, le canon anglais de 38 tonneaux a pu tirer 8 coups en moins de 25', et, p. 160, que le canon de 27c,m français, pesant 23 tonneaux, peut tirer un coup toutes les 3'. Ces deux chiffres supposent également les conditions les plus favorables.

tre-pont inférieur, les servants participent à la fois à la protection du canon et à celle des mécanismes. S'ils sont plus vulnérables peut-être au-dessus qu'au-dessous des seuillets, ils sont en revanche moins découverts par le sabord que le canon lui-même. Nous nous rapprocherons de la vérité en prenant la moyenne :

$$p^2 = \frac{1}{2}(m^2 + c^2).$$

Cette expression convient aussi au dispositif adopté en France pour certaines pièces tirant en barbette : dans ce système, le personnel se tient par le travers du canon.

Pour les tourelles mobiles, où les hommes sont répartis dans le réduit et dans la tourelle, nous nous arrêterons à l'expression :

$$p^2 = \frac{1}{3}(2m^2 + c^2).$$

Dans le cas des tourelles barbettes, au contraire, quand leur blindage est élevé jusqu'à hauteur d'homme, nous admettons que le personnel est défendu comme les appareils de manœuvre et nous prendrons tout simplement :

$$p^2 = m^2.$$

Nous pouvons maintenant formuler l'expression de la protection accordée à l'artillerie : ce sera, en tenant compte à la fois de la valeur des pièces, de leur nombre, des résistances réalisées pour le blindage des mécanismes, du personnel et du canon, et de l'importance relative de la protection de ces trois éléments :

$$n\sqrt{\varphi\left(m^2 + \frac{1}{2}p^2 + \frac{1}{4}c^2\right)}.$$

Blindage des parties vitales. — 42. Nous venons d'étudier la protection de l'artillerie contre les canons ennemis, c'est aussi dans son effet vis-à-vis des canons que nous allons d'abord examiner la protection des parties vitales. Protéger les parties vitales, c'est avant tout préserver le navire de l'invasion d'une quantité d'eau assez grande pour le couler; c'est ensuite arrêter les projectiles susceptibles d'atteindre les soutes à poudres, de paralyser l'appareil moteur ou la manœuvre du gouvernail. S'il n'était pas nécessaire d'établir une communication entre la carène et le reste du navire, ce double résultat, comme nous l'avons dit plus haut, pourrait à la rigueur être obtenu simplement par l'emploi d'un blindage horizontal, par un pont cuirassé recouvrant l'appareil moteur et dont le livet serait assez immergé pour qu'il fût impossible à un projectile de pénétrer dans la coque au-dessous de ce pont. L'espace accessible à l'eau, au-dessus de ce toit protecteur, ne serait en effet pas assez considérable pour que l'invasion de l'eau pût couler le bâtiment. Mais des communications avec l'air extérieur sont indispensables, des communications assez larges pour que les chaudières puissent emprunter à l'atmosphère le combustible gazeux qui leur est nécessaire, pour que les produits de la combustion puissent s'échapper, enfin pour que la vie humaine soit possible dans la cale. Les ouvertures qu'on pratique à cet effet dans le pont cuirassé ne peuvent se passer de protection, sans quoi l'eau pénétrant au-dessus du pont cuirassé se répandrait dans l'intérieur du bâtiment. Il est rationnel de les faire déboucher au-dessus de la plus haute des flottaisons que puisse prendre le bâtiment dans un combat après avoir subi les atteintes des engins d'attaque de l'ennemi.

En résumé, la carène demande à être protégée par un blindage depuis une certaine profondeur au-dessous de la flottaison en charge correspondant à ce qu'on appelle le can inférieur de la cuirasse, jusqu'à une certaine élévation au-dessus aboutissant au can supérieur. Entre ces deux limites on peut établir soit, comme nous venons de le dire, un pont immergé d'un bouge plus ou moins grand et des enceintes cuirassées intérieures, soit une ceinture cuirassée extérieure et un pont cuirassé au-dessus.

C'est le dernier système qu'on a le plus souvent appliqué jusqu'à présent, aussi, sur la plupart des bâtiments, est-ce la cuirasse verticale qui a le plus d'importance, quand elle n'est même pas seule à considérer; car il ne faut pas remonter à un grand nombre d'années pour trouver des cuirassés dénués de tout blindage horizontal. Nous commencerons donc par apprécier la valeur de la cuirasse verticale.

43. Cette appréciation n'est pas aisée, car on voit, sur des navires analogues, des blindages de même épaisseur maximum différer à la fois dans les épaisseurs des virures supérieures et inférieures de la ceinture, dans la longueur sur laquelle ce maximum est maintenu horizontalement, et dans les distances à la flottaison du can inférieur et du can supérieur. Sur certains bâtiments on est arrivé, en accentuant ces différences, à obtenir une épaisseur maximum considérable, eu

égard au déplacement et aux autres conditions que remplissait le navire. Mais c'est évidemment aux dépens de l'efficacité de la protection, et ces navires ont jusqu'à présent bénéficié à tort dans l'opinion de la difficulté qu'il y avait de prendre un autre critérium que l'épaisseur maxima pour qualifier leur puissance défensive. Nous-même avons dû, dans un premier essai, prendre la même base de comparaison, et c'est parce que nous en sentions l'inexactitude que nous essayons aujourd'hui de pousser un peu plus loin l'analyse.

Puisque la résistance de la ceinture ne varie pas sur tous les bâtiments suivant la même loi dans le sens de la hauteur, nous comparerons les résistances moyennes dans une section transversale déterminée. Puisqu'il y a aussi des variations dans le sens horizontal, nous essaierons d'obtenir la moyenne des résistances moyennes le long de l'appareil moteur, devant lequel il est admis qu'il ne doit pas y avoir de réduction ; enfin, puisque les largeurs de la ceinture paraissent établies suivant des règles variables avec chaque pays et même avec chaque type, nous essaierons de déterminer les hauteurs des eaux supérieur et inférieur de cette ceinture d'après une loi unique pour tous les bâtiments, et nous chercherons ce que devient la résistance déduite des calculs précédents, quand on suppose la largeur de la ceinture ramenée à celle que détermine la loi adoptée.

44. On a donc commencé (tableau IV) par noter l'épaisseur et la hauteur de chaque virure de plaque au maître couple, on a fait les produits des hauteurs par les carrés des épaisseurs et on a divisé la somme de ces produits par la hauteur totale, ce qui a donné une première résistance moyenne R_m.

La valeur de R_m peut être appliquée sans modifications à l'ensemble des parties vitales, lorsque l'épaisseur maximum se maintient constante tout le long de l'appareil moteur, et se trouve diminuée progressivement à l'avant et à l'arrière, de telle sorte que les coups, atteignant les extrémités dans des conditions qui les conduiraient sur la région des machines et des chaudières, rencontrent devant eux une résistance au moins égale à celle que présente la partie centrale de la ceinture attaquée normalement. Nous admettons que ce *desideratum* est convenablement réalisé pour les bâtiments à ceinture continue ; mais il n'en est pas toujours ainsi pour les cuirassés à citadelle centrale, le *Duilio* par exemple, dont la cloison avant présente au maximum 40 centimètres d'épaisseur, soit 15 centimètres de moins que la cuirasse latérale. Cette infériorité est sans doute atténuée par la présence de certains obstacles en avant de la cloison, mais la compensation est loin d'être complète : elle n'a pas empêché qu'on ne donnât sur l'*Inflexible* les mêmes épaisseurs à la cloison avant qu'en abord. Pour tenir compte de la perte de force vive éprouvée par les boulets qui traversent les milieux résistants constitués par les chaînes, le charbon et les autres approvisionnements des soutes, nous ajouterons à la valeur trouvée pour R_m sur la cloison transversale, une quantité représentant la résistance d'une certaine muraille cuirassée supplémentaire : sur l'*Inflexible*, nous fixerons ce chiffre à 200, dont la racine carrée est d'environ 14, ce qui revient à dire que les approvisionnements des soutes équivalent à la résistance d'une muraille distincte cuirassée à 14 centimètres ; sur le *Duilio*, où la longueur de la partie non cuirassée n'atteint pas les $\frac{3}{4}$ de ce qu'elle est pour l'*Inflexible*, nous augmenterons de 150 la résistance de la cloison. La valeur définitive de R_m sera intermédiaire entre les valeurs particulières de cette quantité, transversalement et en abord ; mais, dans l'établissement de cette moyenne, on devra avoir égard à ce que la longueur des deux murailles n'est pas la même ; sans quoi on aurait avantage, pour le même poids, à renforcer la muraille transversale aux dépens de l'autre. C'est ainsi que, pour l'*Inflexible*, la largeur de la citadelle se trouvant être les $\frac{2}{3}$ de sa longueur, c'est-à-dire n'entrant que pour $\frac{2}{5}$ dans la somme des deux longueurs, nous n'ajouterons que $200 \times \frac{2}{5}$ ou 80, à la résistance de sa muraille latérale.

45. Dans le cas où la résistance ne se maintient pas la même tout le long de l'appareil moteur, il est fort difficile de connaître ses variations ; il faudrait, pour être exactement renseigné, avoir les plans sous les yeux. Tout ce qu'on a pu trouver, et cela bien rarement, c'est le chiffre E' auquel descend l'épaisseur vers les extrémités de la bande qui protège le moteur[1], sans qu'il fût possible de savoir exactement sur quelle longueur le maximum E se maintient. Pour les bâtiments français, cette recherche était inutile, car la condition dont nous parlons est toujours remplie souvent plus largement qu'il n'est nécessaire, mais nous avons des doutes pour bien des bâtiments étrangers, dont les épaisseurs ne sont connues qu'au maître-couple et près des perpendiculaires.

---

[1] Ces renseignements pour le type *Invincible* ont été pris dans le *Committee on designs*, p. 114 ; pour l'*Independenzia* et le *Kaiser*, dans les *Papers relating to Inflexible*, p. 16.

Voici comment l'épaisseur E' a été mise en œuvre quand on la connaissait. Soit R_n la résistance moyenne dans la tranche correspondante, on a évidemment la proportionnalité

$$\frac{R_n}{R_m} = \frac{E'^2}{E^2}.$$

Or ce que nous cherchons c'est $\frac{1}{2}(R_n + R_m)$:

$$\frac{1}{2}(R_n + R_m) = R_m \frac{E^2 + E'^2}{2E^2} = R'.$$

46. Il reste à voir ce que devient R' quand on ramène la hauteur de la ceinture à une largeur calculée en fonction des conditions que remplit le navire.

En eau calme, l'immersion du can inférieur de la cuirasse pourrait être la même pour tous les bâtiments et très-faible; en mer, elle doit augmenter non-seulement à cause des dénivellations des lames, mais aussi à cause des inclinaisons que prend le bâtiment, soit en roulant, soit en virant. M. Reed a insisté[1] sur la facilité avec laquelle les bâtiments actuels découvrent le can inférieur de leur cuirasse : « Les bâtiments ordinaires, comme vous le savez, disait-il, sont très-exposés par suite du tangage, du roulis et de la succession alternative des sommets et des creux des lames le long de leurs flancs. Aucun de ceux qui ont considéré avec inquiétude ce qui peut arriver aux cuirassés dans un engagement à la mer, ne peut en douter, je pense : avec le blindage arrêté, comme ça été le cas jusqu'à présent, à $1^m,50$, $1^m,80$, ou au maximum à $2^m,10$ au-dessous de l'eau, et à une bien moins grande hauteur à l'avant et à l'arrière[2], une grande partie (*much*) de la carène au-dessous de la cuirasse est, en pleine mer, exposée à chaque moment au feu des canons ennemis[3] ».

Il semble que la profondeur du can inférieur devrait être la somme de deux quantités, l'une variable pour chaque bâtiment, dépendant à la fois de sa facilité à s'incliner sous les forces extérieures et de sa

---

[1] Le 4 février 1876, lecture à l'*United service Institution*, *On circulars iron clads*, p. 88.
[2] Ceci n'est pas vrai des bâtiments français : à l'avant leur ceinture est plus haute qu'au milieu.
[3] On ne peut s'empêcher de trouver à cette critique, si elle est fondée, une portée bien plus grande qu'au reproche fait en ce moment par M. Reed à l'*Inflexible*. Il semble plus facile de loger un boulet dans les tôles d'une carène découverte autant que le dit M. Reed, que d'arracher à coups de canon tout le liège qui garnit les flancs de l'*Inflexible*.

largeur, l'autre fixe et en rapport à la fois avec la dénivellation des lames et la profondeur d'immersion au-dessous de laquelle les boulets perdent toute puissance.

47. Remarquons d'abord que l'influence des mouvements des vagues ne se traduira pas par une quantité égale à leur dénivellation, car tous les bâtiments obéissent plus ou moins à ces mouvements, et la dénivellation relative, considérée indépendamment des inclinaisons qu'elle provoque, est moins grande que les variations réelles du niveau. Or, on admet qu'un combat naval n'aura pas lieu avec des lames présentant plus de deux mètres de hauteur totale, du creux au sommet; si les crêtes de ces lames étaient assez rapprochées pour que le bâtiment portât à la fois sur plusieurs d'entre elles, il ne découvrirait qu'un mètre au-dessous de la flottaison; d'après la remarque qui précède, la hauteur découverte sera moins considérable.

48. Quant à la profondeur à laquelle un projectile pénétrant sous l'eau peut être dangereux, il n'a pas été publié, à notre connaissance, d'autre renseignement que celui que fournissent les expériences de Whitworth en 1864 [1]. Dans un tir fait avec un canon de 500 kilogr., sur une cible en chêne de 15 centimètres d'épaisseur plongée verticalement dans l'eau, les projectiles, qui pesaient $5^k,5$, ricochaient lorsqu'ils étaient tirés avec un angle négatif de 4° et au-dessous; à partir de 5° jusqu'à 8°, ils traversaient la cible à des profondeurs variant entre 15 et 30 centimètres. Enfin un coup envoyé avec 10° de pointage négatif atteignit la cible à $1^m,07$ de profondeur, mais ne laissa qu'une empreinte [2]. Les points de chute des projectiles au fond de l'eau, profonde d'environ 3 mètres, se trouvaient pour trois d'entre eux à 9, 11 et 18 mètres du point où ils avaient pénétré.

Des expériences furent exécutées aussi avec un canon pesant $3^t,9$ et lançant des projectiles de $31^k,7$, contre une vieille frégate dont la muraille en chêne avait de 55 à 60 centimètres d'épaisseur. La coque de la frégate fut atteinte à des profondeurs variant de 40 centimètres à $1^m,15$, et traversée toutes les fois, les projectiles se retrouvant à 3 ou 4 mètres de la muraille sur le pont inférieur.

---

[1] *Report of the Armstrong and Whitworth committee by J. Whitworth* (1866), p. 136 et 165. Nous donnons à la fin de l'Avant-propos un résumé de ces résultats, que nous croyons peu connus.

[2] On doit remarquer que la trajectoire du projectile dans l'eau était dans ces expériences moins inclinée sur l'horizontale que l'âme du canon; les projectiles trouvant moins de résistance près de la surface, se relèvent tant qu'ils ont de la vitesse, en sorte qu'on n'atteint pas le navire aussi profondément que pourrait le faire espérer l'angle négatif employé.

Tir des 13 et 14 octobre 1864.

Coup n° 10.

Si l'on admet que la pénétration d'un projectile dans l'eau obéisse aux mêmes lois que la pénétration dans un milieu plus résistant tel qu'un blindage, et si l'on considère que les projectiles employés dans les expériences précédentes avaient par centimètre de circonférence une force vive bien inférieure à celle des boulets des gros calibres actuels, on trouvera que les bâtiments sont menacés jusqu'à une certaine profondeur au-dessous du niveau de l'eau, niveau qui peut, par suite du roulis ou de la bande, se trouver notablement en contre-bas de leur flottaison en charge.

49. On peut se demander comment devrait être combinée l'échelle des épaisseurs de la ceinture pour que le poids consacré au blindage fût utilisé le mieux possible en vue de mettre le navire à l'abri des dangers qui le menacent, soit par suite du tir direct quand il découvre ses flancs par le roulis, soit par suite du tir sous-marin. Pour répondre à cette question, supposons qu'on ait déterminé la limite des inclinaisons qu'on craint de voir atteindre au navire dans un combat, cet angle limite fixera une certaine profondeur en abord à cuirasser de manière qu'elle puisse résister au tir direct. L'épaisseur doit-elle être constante sur toute cette hauteur ? Nous pensons qu'elle devrait d'abord diminuer presque insensiblement quand la profondeur augmente, parce que si une ouverture en eau profonde est plus difficile à aveugler que celle qui se produit à la flottaison, il faut remarquer que les grands angles de roulis sont plus rares que les petits. Il est naturel de répartir la protection non pas seulement d'après l'importance des points à abriter et l'intensité des dangers qui les menacent, mais aussi d'après la chance que ces points ont d'être atteints. C'est ainsi qu'un joueur règle le chiffre de sa mise sur la valeur de l'enjeu multipliée par la probabilité qu'il a de l'obtenir, produit qu'on appelle son *espérance mathématique*. On pourrait de même faire intervenir la considération du *danger mathématique* que courent les différents points dans la protection qu'on leur accorde.

Nous émettons donc l'opinion que le danger mathématique diminue quand on s'enfonce. A partir de la limite des émersions de la muraille, la décroissance devrait devenir brusquement plus rapide, puisqu'il n'y a plus à craindre que le tir sous-marin. En réalité, comme l'inclinaison limite n'est pas connue, il est sage de conserver la continuité des épaisseurs. Théoriquement, il serait rationnel de maintenir cette continuité jusqu'au bout, de manière à n'arriver à la résistance de la muraille des fonds que progressivement et au point où le boulet n'est plus capable que de laisser une empreinte sur la muraille comme dans l'expérience que nous avons relatée. L'énergie des projectiles décroît progressivement jusqu'à zéro quand la profondeur augmente : la résistance de la muraille devrait aussi décroître d'une façon continue. En un mot, si on représente les résistances aux profondeurs successives par des ordonnées normales au contour d'une section transversale, on devrait avoir une courbe dont la tangente à la flottaison serait parallèle au contour et qui viendrait à la profondeur convenable se raccorder avec la courbe de la résistance des fonds.

Il est certain qu'en pratique on ne peut pas amincir la cuirasse jusqu'à l'épaisseur d'une simple tôle, et, d'un autre côté, la faire descendre avec son matelas, même en la réduisant d'épaisseur, jusqu'au point où la muraille n'a plus absolument rien à craindre des boulets, entraînerait une surcharge beaucoup plus grande qu'il n'est nécessaire à la protection[1]. Quoi qu'il en soit, il serait désirable qu'on ne passât pas brusquement d'une muraille cuirassée à 20, 30 et même 40 centimètres d'épaisseur, à l'ensemble des deux tôles qui constituent le bordé et le vaigrage des cuirassés en fer et ont tout au plus 3 centi-

---

[1] Cette remarque trouve son application sur certains navires, dont le can inférieur de cuirasse se trouve, par suite d'une surcharge, relativement beaucoup plus immergé que sur les autres. Comme R' sera modifié en proportion de la différence de la largeur réelle de la ceinture avec la largeur calculée par la loi que nous cherchons à établir, le système de compensation que nous employons aurait pour effet d'attribuer aux cuirassés en question un accroissement de résistance moyenne plus considérable qu'il n'est équitable. Supposons, en effet, que la loi adoptée fixe à 1^m,50 la profondeur de cuirasse qu'il est convenable de donner à un de ces bâtiments qui a réellement sa cuirasse immergée à 3 mètres de profondeur ; on ne peut pas admettre que ce cuirassé soit aussi bien protégé qu'un autre dont la ceinture immergée à 1^m,50 aurait une résistance double, car ce serait attribuer autant d'importance à la moitié inférieure de cette ceinture de 3 mètres qu'à celle qui, voisine de la flottaison, recevra la plus grande partie des projectiles. L'*Inflexible*, par exemple, qui, avec son can inférieur immergé de 1^m,83 sur les plans, était déjà protégé relativement plus bas que les autres cuirassés de l'époque actuelle, ne nous paraît pas, maintenant que l'immersion de sa ceinture est de 2 mètres, avoir acquis un surcroît de protection proportionné aux 17 centimètres dont son can inférieur s'est enfoncé ; ces 17 centimètres ne recevront pas beaucoup d'atteintes de boulets, et la moindre épaisseur ajoutée à la virure de la flottaison eût été beaucoup plus efficace.

Voici ce que nous avons fait : Comme la loi que nous cherchons à établir doit avant tout se conformer à la pratique généralement suivie, nous avons compté en entier les excédants de la profondeur réelle de ceinture sur la dimension calculée, lorsque cette profondeur, voulue par le constructeur, était celle des plans. D'un autre côté, lorsque la surimmersion n'avait pour effet que de rapprocher les conditions réelles du navire de celles indiquées par le calcul, nous avons encore pris la profondeur actuelle de la ceinture. Mais dans le cas où l'excédant de la réalité sur la valeur calculée ne provenait que d'une surcharge, nous n'en avons compté que la moitié dans l'accroissement accordé à la valeur de la résistance moyenne. Pour être plus large encore, dans les cas analogues à celui de l'*Inflexible*, lorsque la profondeur calculée est inférieure même à celle du plan, 1,816 au lieu de 1,828, nous avons compté la moitié de la surimmersion au lieu de la moitié de la différence entre 2 mètres et 1^m,815.

mètres d'épaisseur à elles deux. On sait qu'il ne faut pas un choc bien énergique pour crever les tôles employées dans la construction des navires. C'est là une infériorité du bâtiment en fer sur les cuirassés en bois que nos voisins d'outre-mer paraissent si fort dédaigner. Sur nos cuirassés en bois, un boulet qui frappe au-dessous de la ceinture, rencontre une muraille massive de 80 centimètres de chêne, obstacle bien capable d'amortir la force vive qui lui reste après son trajet dans l'eau. On connaît d'ailleurs la propriété précieuse du bois au point de vue de l'aveuglement des voies d'eau.

Ces dernières observations trouvent leur confirmation dans les effets produits par un des coups du canon de 100 tonneaux à la Spezzia. « Le projectile... atteignit la plaque à l'extrémité inférieure et se cassa en plusieurs morceaux, qui furent projetés en bas dans une direction inclinée au-dessous de la cible... Ce coup fit voir qu'un boulet frappant le bord de la ceinture étroite du blindage... pénétrera dans le corps du navire avec une force suffisante pour percer le compartiment des machines et les chaudières, et ressortir de l'autre côté du flanc du navire, au-dessous de la ligne de flottaison [1] ». On voit donc que la hauteur de la ceinture, fût-elle bien calculée pour protéger le navire contre les coups arrivant directement, la muraille qui supporte le blindage serait encore menacée : il est donc prudent de lui maintenir une certaine résistance dans les régions voisines de la ligne de démarcation constituée par le can inférieur de la ceinture.

50. Nous n'essaierons pas de déduire à priori de cette discussion la loi suivant laquelle doit varier la profondeur qu'il convient de donner à la ceinture ; aussi bien n'avons-nous pas tant en vue l'appréciation de la puissance absolue des navires qu'une comparaison aussi exacte que possible entre leurs qualités. Nous chercherons seulement, en fonction des propriétés que possède chaque bâtiment, une règle qui fournisse des résultats s'approchant autant que possible des chiffres adoptés en réalité.

C'est ainsi que nous nous appuierons sur l'exemple du *Solimoès* et du *Javary* pour déterminer la partie fixe qui doit entrer dans la hauteur donnée à la partie immergée de la ceinture. Ces monitors, de $3^m,50$ de tirant d'eau, sont destinés à opérer dans les larges rivières du Brésil, et par suite resteront toujours dans leurs lignes d'eau ; la profondeur de leur cuirasse, qui est de $0^m,60$, a dû être calculée en vue de les pro-

[1] Traduction des articles publiés par le *Times* sur « le canon Armstrong de 100 tonneaux à la Spezzia » (p. 75).

léger surtout contre le danger qu'ont manifesté les expériences de Whitworth. Cependant, comme il serait téméraire d'affirmer que ces cuirassés auront toujours à combattre dans une eau tranquille comme celle d'un lac, on a dû tenir compte d'une légère dénivellation qui restera sans doute trop faible pour que les vagues soient capables de faire rouler des bâtiments aussi stables. Ainsi $0^m,60$ représente un minimum que nous adopterons pour la valeur de la partie constante de la profondeur de ceinture, sans pouvoir le dépasser, car, cette quantité enlevée, il ne restera dans les ceintures des cuirassés actuels que bien peu de hauteur à consacrer à la protection du bâtiment quand il s'incline.

51. Pour apprécier les propriétés d'où dépend l'inclinaison du navire sous l'influence des forces extérieures, nous avons considéré, à propos de la justesse du tir de l'artillerie, le produit d'une certaine racine de sa tranquillité Q par une certaine racine de sa hauteur métacentrique $\rho - a$. Procédant ici de la même manière, nous prendrons comme terme de comparaison le navire dans lequel Q est égal à 8 et $\rho - a$ à l'unité, et nous admettrons que si ce bâtiment s'incline d'un angle α, un bâtiment quelconque dans les mêmes circonstances donnera une bande x déterminée par la relation

$$\frac{x}{\alpha} = \frac{\sqrt[m]{8}\sqrt[n]{1}}{\sqrt[m]{Q}\sqrt[n]{\rho - a}},$$

bande qui se traduit par une émersion de la ceinture proportionnelle à la largeur l du navire. Cette émersion aura, par suite, pour expression :

$$l \times f(\alpha) \frac{\sqrt[m]{8}}{\sqrt[m]{Q}\sqrt[n]{\rho - a}},$$

$f(\alpha)$ étant compris suivant les formes du navire entre $\sin \alpha$ et $\operatorname{tg} \alpha$.

Après avoir essayé sur les navires les plus intéressants par leur nouveauté et leur importance toutes les combinaisons possibles de $f(\alpha)$, m et n, nous nous sommes arrêté aux valeurs suivantes :

$$m = 4$$
$$n = 6$$
$$f(\alpha) = 0,113.$$

Or, 0,113 est égal à sin 6°30′ ou à tg 6°27′, on peut donc dire que α est sensiblement égal à 6° 1/2.

52. La loi d'après laquelle il serait convenable de fixer la profondeur des ceintures cuirassées pour se conformer aux usages adoptés, est maintenant connue. Si nous effectuons le produit de 0,113 par $\sqrt[4]{8}$, la profondeur théorique J_1 aura pour expression :

$$J_1 = 0,60 + l \frac{0,095}{\sqrt[4]{Q}\sqrt[6]{\rho - a}}.$$

53. Si le rôle de la portion de la ceinture plongée dans l'eau est difficile à définir, celui de la bande de cuirasse qui émerge au-dessus de la flottaison l'est peut-être davantage encore, quand on voit quelles variations subit la hauteur de cette bande pour des bâtiments comparables comme dimensions et qualités. Si on arrêtait le blindage à la flottaison, les brèches pratiquées par les boulets immédiatement au-dessus de cette ligne laisseraient pénétrer l'eau soit quand le bâtiment s'incline, soit quand la lame s'élève le long du bord. Il est vrai que des ouvertures situées au-dessus de la flottaison moyenne sont plus faciles à boucher que celles qui se produisent au-dessous. Mais il y a une autre raison, plus sérieuse peut-être, pour élever le can supérieur de la cuirasse : il ne faut pas que ce can descende sous l'eau quand le bâtiment est en surcharge, surcharge qui peut provenir soit de poids ajoutés après coup par le constructeur[1], soit d'une voie d'eau qui se déclare pendant le combat.

Nous avons essayé de démêler une loi dans les chiffres adoptés pour les dimensions des ceintures cuirassées au moyen des considérations suivantes. Bornant notre investigation aux cuirassés français et anglais de construction récente, nous avons remarqué qu'en France on fait varier la distance J du can inférieur de la cuirasse à la flottaison de 1,50 (*Colbert*, *Tonnerre*), à 1,70 (*Amiral Duperré*), et la hauteur σ du can supérieur de 0^m,60 (type *Bélier*), à 1^m,30 (*Redoutable*). En Angleterre, J se maintient entre 1^m,52 (*Rupert*, plans du *Shannon*) et 1^m,83 (plans de l'*Inflexible*), et σ croit de 0^m,46 avec le *Glatton* et le *Rupert*, à 1^m,52 avec l'*Alexandra* et le *Nelson*.

---

[1] Le fait s'est produit à bord du cuirassé anglais la *Devastation* qui, au tirant d'eau N de 8^m,03, a sur une certaine longueur le can inférieur de sa cuirasse à 2 ou 3 centimètres au-dessous de la flottaison. Ce chiffre est naturellement bien dépassé quand le navire est en marche.

Prenons pour les deux pays les rapports des moyennes de ces chiffres, nous aurons pour la France :

$$\frac{0{,}95 \ (\sigma \text{ moyen})}{1{,}60 \ (J \text{ moyen})} = 0{,}594,$$

et pour l'Angleterre :

$$\frac{0{,}9906}{1{,}6764} = 0{,}592.$$

Cette concordance fait voir que σ est en général une fraction de J. Nous avons pris cette fraction égale à 0,6. Ainsi, lorsqu'on aura calculé la profondeur J_1 que devrait avoir la ceinture, on en déduira la hauteur σ_1 qu'il eût été convenable de donner à son can supérieur en prenant :

$$\sigma_1 = 0{,}6 \ J_1.$$

54. Mais, comme nous l'avons fait remarquer, il n'est pas aussi important de réaliser, au-dessus qu'au-dessous de la flottaison, la hauteur demandée par les règles que nous venons de poser; c'est ce que confirme l'examen des chiffres que nous avons énumérés. On voit, en effet, qu'en France J ne varie guère que de 20 centimètres, tandis que σ a des oscillations de 70 centimètres. En Angleterre, ces variations sont pour J de $30^\text{c}_\text{m},5$ et pour σ de $1^\text{m},067$. Prenons le rapport de ces différences pour chaque pays :

$$\frac{20}{70} = \frac{305}{1067} = 3{,}5.$$

Comme les faibles hauteurs de $0^\text{m},60$ et $0^\text{m},45$ n'ont été employées que pour des bâtiments spéciaux, nous croyons les différences de $0^\text{m},70$ et $1^\text{m},07$ un peu exagérées, et nous prendrons simplement la valeur 3 comme rapport des deux importances.

Si les distances des deux cans de la ceinture avaient la même importance, nous aurions eu simplement à comparer $\sigma + J$ à $\sigma_1 + J_1$, pour nous rendre compte de l'étendue de la protection réalisée par la ceinture. Afin de faire intervenir l'importance relative des deux quantités, nous prendrons le rapport de $\sigma + 3 J$ à $\sigma_1 + 3 J_1$, et nous multiplierons par ce rapport la résistance moyenne R' à laquelle nous étions arrivé en dernier lieu, ce qui nous donnera la valeur qu'aurait cette résistance si elle était répartie sur la hauteur $\sigma_1 + J_1$:

$$R'' = R' \frac{\sigma + 3\,J}{3,6\,J_1}.$$

55. Il est nécessaire de chercher la résistance maxima qui correspond à la moyenne R'', afin de pouvoir comparer la force de la muraille verticale à celle du pont cuirassé, dont on ne connait généralement que l'épaisseur maximum. Pour y arriver, nous avons pris le rapport de la résistance moyenne à la résistance maxima sur quelques murailles dont les épaisseurs paraissaient décroître d'une façon rationnelle de la flottaison au can inférieur, et nous avons trouvé pour le rapport des épaisseurs 0,92, c'est-à-dire pour le rapport des résistances 0,85. On aura par suite :

$$R = \frac{R''}{0,85}.$$

56. Le chiffre de la résistance du blindage vertical ne suffit pas pour caractériser la valeur de la protection des parties vitales, il faut y joindre la connaissance de la résistance du pont qui s'appuie sur le can supérieur de la ceinture. Ce pont n'étant exposé qu'à des coups très-obliques ne doit naturellement pas être protégé par des plaques aussi épaisses que la muraille verticale, et peut-être ne doit-il pas non plus être constitué de la même manière. C'est du moins ce qui paraît être aujourd'hui l'opinion prépondérante dans les marines étrangères : tandis qu'on boulonne sur un matelas les plaques verticales, on applique directement sur les barrots les tôles superposées qui constituent le blindage du pont[1]. En France, on est d'un avis différent, il est vrai, et on attache sur les barrots l'ensemble d'un bordé, d'un matelas et d'une cuirasse. Il est nécessaire pour la comparaison d'établir une commune mesure entre ces deux systèmes de blindage.

Dans la *Revue maritime* d'août 1876 (p. 371), on avait tenu compte, autant que possible, du surcroît de résistance apporté aux plaques de blindage par le matelas et le plafond, en ajoutant aux épaisseurs du

---

[1] Les ponts cuirassés partiels établis par M. Roed sur le *Kœnig-Wilhelm* et le *Monarch* comportaient un matelas.

— 96 —

fer celle d'une tôle de poids équivalent à celui du matelas. Cette équivalence est au-dessous de la vérité, car d'après les expériences faites en France, les ponts à matelas sont, à poids égal, supérieurs aux autres. Mais par suite d'une erreur matérielle, on n'avait fait entrer dans le poids du matelas que le bois sans y comprendre les fûts de boulons qui le traversent, et, par suite, on n'avait compté qu'un millimètre de fer en plus pour 12 millimètres de bois. En examinant la question de plus près, nous avons reconnu qu'en réalité un centimètre de matelas traversé par ses boulons pesait au moins autant que 1$^{m}/_{m}$,35 de fer. Pour éviter le reproche de partialité, nous n'avons cependant pas accepté ce chiffre et nous nous en sommes tenu au rapport adopté par le *Morskoï Sbornik* de janvier 1877[1], qui, pour 8 pouces d'épaisseur de matelas en teak, compte un pouce de plus d'épaisseur à la cuirasse. Cette proportion revient à considérer un centimètre de matelas comme équivalent à 1$^{m}/_{m}$,25 de tôle.

Cela étant établi, nous avons additionné pour les ponts français l'épaisseur du blindage, du plafond, du matelas transformé en une tôle équivalente; pour les ponts étrangers, des tôles qui sont superposées sur les barrots, et nous avons considéré les carrés de ces sommes comme représentant la résistance des différents ponts cuirassés. De plus, pour tenir compte, sur les ponts étrangers, du bordé en bois généralement vigoureux (15 centimètres) qui recouvre les tôles, nous avons ajouté uniformément 3 unités à la résistance de ces dernières, ce qui revient à admettre que ce bordé présente la résistance d'une tôle de 17 millimètres en moyenne ; seulement ce bordé ne travaillant pas avec les tôles, comme quand il forme matelas, nous avons dû calculer séparément les résistances des tôles et du bordé. Rien n'a été ajouté de ce chef à la résistance trouvée pour les ponts français. On voit donc que nous traitons généreusement les ponts à tôles superposées.

57. Comparons les résistances ainsi calculées pour les ponts aux mêmes résistances établies verticalement. De l'examen des expériences nous sommes amené à conclure que le pont cuirassé protège aussi bien le bâtiment que le blindage vertical, lorsque la racine carrée de sa résistance, calculée comme il vient d'être dit — ce que nous pourrions appeler, pour simplifier le langage, l'*épaisseur effective*, du pont, — est égale aux $\frac{7.5}{3.19}$ du chiffre qui représente l'épaisseur maximum de

---

[1] Perforabilité des navires turcs par les canons russes. (*Revue maritime* de juin 1877, p. 804.)

la ceinture. Cette appréciation suppose des coups tirés à bout portant avec des inclinaisons négatives de 0 à 10 et même à 15 degrés. Or,

$$\frac{75^{(1)}}{350} = \frac{76}{356} = \frac{3''}{14'''},$$

ce qui reproduit les proportions adoptées sur le *Pierre-le-Grand* et les plans du *Dreadnought*.

Le cuirassé russe, en effet, se trouve dans les conditions des expériences, en ce sens que toute la partie arrière de son pont cuirassé est entièrement nue et exposée aux coups de l'ennemi sans interposition d'aucun obstacle. Mais il n'en est pas de même sur le *Dreadnought* tel qu'il a été exécuté, car des superstructures légères recouvrent son pont cuirassé. Dans ce cas, le projectile ne peut atteindre le pont qu'après avoir rencontré certains obstacles, impuissants sans doute à diminuer notablement sa force vive, mais capables de le faire éclater prématurément si c'est un obus, de le dévier et de le faire chavirer si c'est un boulet. Aussi le puissant cuirassé anglais ne présente-t-il plus aujourd'hui comme protection horizontale que 63 millimètres de fer[2] en outre de son bordé en bois; le rapport des deux protections est donc à peu près celui de

$$\frac{64}{356} = \frac{9}{50} = \frac{99}{550},$$

ces derniers nombres étant ceux qu'on a adoptés pour le cuirassé français mâté le *Duperré*[3].

Dans la recherche qui nous occupe, nous aurons à comparer non pas les épaisseurs, mais les résistances ; nous avons à trouver la résistance horizontale qui équivaut à la résistance verticale maximum R résultant des considérations précédentes. Si nous adoptions les proportions du *Dreadnought* et de l'*Amiral-Duperré*, le rapport des résistances équivalentes serait : $(\frac{9}{50})^2$ ou moins de $\frac{1}{31}$. Pour ne pas faire la part trop belle à la valeur des obstacles qui couvrent le pont cuirassé,

---

[1] Ces 75 millimètres pourraient être constitués pour un pont français, par exemple, par un plafond de 10 millimètres, un matelas de 120 millimètres et des plaques de 50 millimètres, chiffres qui se rapportent au pont du type *Tonnerre*, et sont assez bien proportionnés à l'épaisseur de 35 centimètres de sa cuirasse verticale, car le bouge du pont est considérable.

[2] A l'extrême avant et à l'extrême arrière, que ne recouvrent pas les superstructures, l'épaisseur de 76 millimètres est conservée. (Voir les planches des *Papers relating to Inflexible*.)

[3] Le pont est constitué par un plafond de 20 millimètres, un matelas de 150 millimètres, valant $18^{mm},8$ de fer, et des plaques de 60 millimètres.

nous admettrons simplement qu'une résistance donnée r de cuirasse horizontale protége aussi bien le navire qu'une résistance R 30 fois plus grande de cuirasse verticale.

58. Ce chiffre a été établi pour les ponts blindés situés au-dessus de la flottaison. Les ponts immergés ont une plus grande valeur pour une résistance donnée, à cause de leur situation même. En abord, ils ne peuvent être atteints, si le livet est assez profondément plongé, que par des projectiles qui ont préalablement fait un certain trajet dans l'eau. En outre, on accumule dans l'entre-pont de la flottaison des approvisionnements et apparaux qui constituent pour le pont une protection sérieuse. Aussi les blindages des ponts immergés construits jusqu'à présent ont-ils paru assez garantis par les obstacles que nous venons de citer, pour qu'on ait pu d'une façon générale les considérer comme aussi efficaces que les cuirasses verticales des navires qui les portaient. On a ainsi évité l'obligation de mesurer la valeur réelle de ce genre de protection, ce qui, en l'absence de toute donnée sur la question, eût été fort difficile.

59. Ainsi, pour les ponts immergés, R représentera la moyenne E_1^2 des résistances maximum des deux espèces de blindage, dont la racine E_1 n'est autre chose que l'épaisseur maximum effective de la cuirasse devant les parties vitales. Devons-nous, pour les ponts établis au can supérieur de la ceinture, prendre la demi-somme de R et 30 r pour obtenir E_1^2? Une pareille manière de procéder serait avantageuse aux cuirassés français, dont les ponts sont en général — d'après le rapport $\frac{1}{30}$ adopté ci-dessus, qui est une sorte de terme moyen — mieux défendus que les murailles verticales; elle déprécierait beaucoup la plupart des cuirassés étrangers sur lesquels on remarque la même différence en sens contraire. Cette dépréciation serait même si considérable que, pour ne pas heurter de front l'opinion qui voit la caractéristique de la puissance défensive dans l'épaisseur de la cuirasse verticale, nous avons dû réduire l'importance de la protection des ponts à $\frac{1}{5}$ de celle de la protection verticale. Ce n'est pas qu'on ne puisse expliquer une évaluation différente de l'importance de ces deux protections. On peut dire, par exemple, qu'au-dessus de l'appareil moteur la cuirasse horizontale établie au can supérieur de la cuirasse est généralement suppléée, en partie du moins, par l'enceinte cuirassée nécessaire pour abriter les panneaux; que, d'autre part, les incidences avec lesquelles les projectiles pénètrent sous le pont cuirassé sont plus rare

ment réalisées que les incidences assez voisines de la normale pour qu'ils percent une cuirasse verticale équivalente. D'autres raisons sans doute corroborent les précédentes, mais il sera difficile d'arriver à justifier complétement le peu d'importance relative que le rapport admis plus haut accorde au pont blindé.

Appliquons ce qui précède à la détermination de E_1^2, la résistance maximum définitive. Pour pouvoir comparer les résistances de la ceinture R et du pont r, nous les ramènerons, par exemple, à être toutes deux verticales et nous considérerons ensemble R et 30 r. Mais 30 r a cinq fois moins d'importance que R ; nous ne devons par suite faire entrer dans la moyenne que le $\frac{1}{5}$ de 30 r. Supposons, en effet, un bâtiment dans lequel la cuirasse étant distribuée comme le demande notre règle, on ait exactement R = 30 r. On vient à diminuer r de moitié. Si l'importance des deux protections était la même, E_1^2 serait diminué du quart de sa valeur; si, au contraire, R est cinq fois plus important que 30 r, alors R doit avoir cinq fois plus d'influence que 30 r, ce qu'on réalisera en le faisant entrer cinq fois dans la moyenne, de telle sorte que la diminution $\frac{1}{2} r$ se répartira sur six quantités au lieu de deux, et E_1^2 ne sera plus diminué que de $\frac{1}{12}$ de sa valeur :

$$E_1^2 = \frac{1}{6}\left(5R + 30r\right) = \frac{5}{6}\left(R + 6r\right).$$

De E_1^2 nous déduisons E_1 l'épaisseur maximum effective du blindage des parties vitales, et le rapport $\frac{E_1}{E}$ qui nous sera utile tout à l'heure.

60. Nous ne nous sommes occupé jusqu'à présent, dans l'étude que nous avons faite de la protection des parties vitales, que du blindage établi par le travers des chaudières des machines. A l'avant et à l'arrière, l'épaisseur reste en général assez grande pour qu'un projectile n'ait pas plus de facilité à arriver jusqu'à l'appareil moteur quand il frappe les extrémités que lorsqu'il atteint le milieu. Dans le second cas, en effet, il rencontre une surface normale, tandis que dans le premier l'incidence est plus ou moins oblique. Quelque grandes que soient les réductions qu'on apporte au blindage des extrémités, on s'arrange de manière à rester au delà de la limite qui fixe la règle que nous venons d'énoncer. Si donc on veut pénétrer plus facilement à l'avant ou à l'arrière du navire qu'au milieu, on doit se rapprocher de la normale, c'est-à-dire renoncer à atteindre le moteur et à remplir un des

grands espaces qui le renferment. Le résultat qu'on obtient par la perforation des extrémités c'est de faire entrer dans l'intérieur du bâtiment un volume d'eau, trop faible sans doute pour le faire sombrer, mais qui sera considérable si le projectile traverse plusieurs cloisons de la cale.

Aussi, si le système des ceintures est incontestablement le meilleur à employer contre les projectiles de petit calibre, on voit qu'il est défectueux dès que les boulets de l'ennemi sont capables de traverser toutes les épaisseurs inférieures à celle qui protège les parties vitales; dans le système du décuirassement de la flottaison, les voies d'eau sont plus fréquentes, parce que tous les calibres peuvent les produire, mais elles ont bien moins de gravité. La protection verticale des extrémités étant forcément insuffisante, on peut se demander, même au point de vue de la conservation de l'assiette et du tirant d'eau, si elle est préférable à celle d'un pont cuirassé immergé.

61. Pour apprécier convenablement la protection des extrémités sur les bâtiments à ceinture complète, il semble au premier abord qu'on doive prendre la résistance moyenne de la cuirasse en dehors de la tranche médiane qui contient les parties vitales. En raisonnant ainsi, on attribue la même valeur à deux bâtiments de même type et de même grandeur qui présenteraient la même moyenne aux extrémités quoique la longueur de ces extrémités ne fût pas la même. Cependant le bâtiment, sur lequel les parties vitales et l'épaisseur constante occupent la plus grande longueur, est mieux protégé contre les voies d'eau que celui sur lequel cette épaisseur dure moins longtemps sans être plus grande. Cette supériorité est naturelle, puisque la protection coûte plus cher dans le premier cas que dans le second. C'est ce qu'on voit plus clairement en passant à la limite et en comparant un bâtiment tel que l'*Inflexible* ou le *Nelson* à un autre dont la flottaison serait décuirassée de bout en bout. En prenant la moyenne seulement aux extrémités, on aura le même résultat dans les deux cas, et cependant le navire fictif est plus exposé aux voies d'eau que les deux autres.

Nous prendrons donc la résistance moyenne de la ceinture pour caractériser la protection contre les voies d'eau. Cette moyenne ne sera malheureusement qu'approximative, car on ne connaît généralement que les épaisseurs au milieu du navire et à 4 ou 5 mètres des extrémités. Pour tirer parti de renseignements aussi incomplets, nous avons cherché la moyenne exacte des résistances pour quelques bâtiments sur lesquels nous avions des données suffisantes, et nous avons pris le rapport de ces moyennes à la somme des résistances au milieu et aux extrémités, cette dernière quantité étant elle-même une moyenne entre les valeurs relevées à l'avant et à l'arrière. Nous avons trouvé le résultat suivant :

$$\left. \begin{array}{l} \textit{Redoutable} \ldots \ldots \ldots 0{,}51 \\ \textit{Amiral-Duperré} \ldots \ldots 0{,}54 \\ \textit{Dreadnought} \ldots \ldots \ldots 0{,}547 \end{array} \right\} \text{moyenne } 0{,}532.$$

On a adopté 0,533 ou $\frac{8}{15}$.

Pour appliquer ce coefficient, nous devons employer les résistances effectives aussi bien aux extrémités qu'au milieu. Nous n'avons d'autre moyen pour nous procurer leur valeur que de multiplier les épaisseurs relevées[1] n à l'avant et g à l'arrière par le rapport $\frac{E_1}{E}$. En l'absence de renseignements suffisants il est assez rationnel, en effet, d'admettre que la cuirasse est établie dans les mêmes conditions relatives aux extrémités qu'au milieu.

La valeur moyenne de la cuirasse aux extrémités sera, par conséquent :

$$\lambda_1^2 = \frac{8}{15}\left[E_1^2 + \frac{1}{2}\left(n_1^2 + g_1^2\right)\right] = \frac{4}{15}\left(2\,E_1^2 + n_1^2 + g_1^2\right).$$

62. Les bâtiments à pont cuirassé immergé laissent un entre-pont sans défense, mais, d'après ce que nous avons admis, protègent la portion inférieure de la carène d'une façon aussi efficace que la cuirasse verticale du milieu. Or, sur l'*Inflexible* le volume compris au-dessous du pont cuirassé paraît être environ les $\frac{7}{10}$ du volume total de la carène aux extrémités; sur les nouvelles corvettes allemandes, il en est peut-être les $\frac{2}{3}$, chiffres qui doivent être réduits à $\frac{3}{5}$ et $\frac{3}{5}$ pour tenir compte de ce que, en marche, par suite du tangage et de la résistance directe à l'avant, le niveau de l'eau se trouve au-dessus de la flottaison. Mais il ne serait pas légitime de dire que sur ces navires les $\frac{3}{5}$ ou les $\frac{3}{5}$ du volume étant abrités, la protection des extrémités vaut les $\frac{3}{5}$ ou les $\frac{3}{5}$ de celle des parties vitales. En effet, les portions du volume intérieur qui sont voisines de la quille ne doivent leur protec-

---

[1] A quatre ou cinq mètres des perpendiculaires.

tion qu'à l'eau qui les environne, aucun boulet ne pouvant les atteindre avec les angles de roulis et de tir négatif qui sont réalisés dans la pratique. Ces régions ne peuvent donc être comprises dans le volume qui a besoin de protection, et qui seul nous occupe en ce moment. Pour cette raison nous réduirons à 0,4 la fraction du volume intéressant que protégent les ponts immergés. Remarquons en outre que les grands angles négatifs étant plus difficiles à réaliser que les petits, le voisinage de la flottaison est plus menacé par les boulets que les régions inférieures. Nous arriverons par suite à cette conclusion qu'un pont immergé, d'épaisseur convenable, apporte à lui seul au bâtiment, sur la longueur qu'il occupe, plus du quart de la protection des parties vitales. Enfin, comme les extrémités de ces bâtiments seront particulièrement en butte aux coups de l'ennemi, nous croyons devoir réduire à 0,2 la protection apportée par le pont immergé.

Cette protection est complétée par certains dispositifs, tels que l'encombrement des soutes, l'installation en abord de matériaux doués de la propriété de se refermer après le passage du boulet, et d'un couloir destiné à l'obturation des voies d'eau. A vrai dire, ces installations ne complètent pas le système, elles en sont l'essence même ; on ne peut pas admettre que l'entre-pont décuirassé de la flottaison soit utilisé en logements, par exemple, et installé comme les œuvres mortes légères. Il serait alors tellement facile de pratiquer des brèches dans la muraille et de provoquer l'invasion de l'eau à l'intérieur que, malgré les compartiments étanches, le navire perdrait son assiette, donnerait de la bande, verrait ses qualités évolutives diminuer et se trouverait finalement dans une situation d'infériorité dangereuse vis-à-vis de ses adversaires. Tel est le cas de la *Devastation* et du *Thunderer*, dont le pont cuirassé à l'avant est notablement au-dessous du niveau de la lame qui monte le long de l'étrave [1]. Ce qui atténue ce danger, c'est que les voies d'eau ouvertes dans le voisinage de la flottaison

---

[1] Pour protéger convenablement ces bâtiments, la cuirasse devrait, à l'avant, monter au moins autant au-dessus de la flottaison qu'elle descend au-dessous ; elle laisse donc à découvert la moitié du volume qui resterait sans défense si le pont cuirassé était situé à la profondeur du eau inférieur. Aussi, si la teugue était emménagée comme le faux pont inférieur de l'*Inflexible*, prendrions-nous, au lieu des deux dixièmes, les quatre dixièmes de la résistance de la cuirasse à l'avant pour représenter la protection de ces bâtiments dans cette partie ; la teugue formant au contraire le logement de l'équipage, nous multiplierons cette résistance par 0,2, assimilant aussi l'avant de la *Devastation* à celui de l'*Inflexible*.

On peut faire le même reproche, à un moindre degré, à l'avant du *Monarch*, du *Kœnig-Wilhelm* et du *Kaiser*, dont le pont cuirassé est à l'avant très-peu élevé au-dessus de la flottaison en charge : 15 centimètres, 61 centimètres et 76 centimètres. Les coefficients de réduction seront pour ces trois bâtiments : 0,3, 0,6 et 0,8.

sont relativement faciles à aveugler. Dans tous les cas, si la protection immergée est convenable, un navire à extrémités décuirassées se trouve encore dans une meilleure situation qu'un bâtiment à ceinture continue dont la cuirasse de l'avant serait traversée par un boulet, lequel ressortirait peut-être de l'autre bord au-dessous de la cuirasse. Aussi sommes-nous d'avis que l'éventualité seule de la perforation de la cuirasse des extrémités par des boulets impuissants contre le blindage des parties vitales, suffit à justifier le décuirassement de la flottaison quand le pont immergé est suffisamment résistant.

On peut trouver les raisonnements qui nous ont servi à apprécier la valeur de la protection procurée par les ponts immergés bien vagues pour fournir un chiffre précis. Heureusement que les faits viennent à notre secours pour nous éclairer sur cette question.

En 1871, le *Committee on designs* songea à transformer la ceinture cuirassée du *Dreadnought* dans le système d'un pont cuirassé immergé et surmonté d'un entre-pont rempli de liége, espérant trouver dans cette opération un bénéfice de poids qu'on voulait employer à augmenter la protection des parties vitales. Il se trouva que le poids était sensiblement le même dans les deux systèmes : on conserva la ceinture cuirassée [1].

De ce fait on peut tirer deux conclusions : la première c'est que le *Committee on designs* considérait les deux systèmes comme à peu près équivalents, puisqu'il était prêt à abandonner la ceinture continue, dans le cas du *Dreadnought*, si un avantage de légèreté avait fait pencher la balance en faveur du décuirassement de la flottaison ; l'autre, qui corrobore la première, c'est que pour le navire en question les deux systèmes, dans la mesure où ils différaient l'un de l'autre, coûtaient à peu près le même poids.

Or, sur le *Dreadnought* actuel, en dehors des parties vitales, là où les plaques ont moins de 14 pouces d'épaisseur et auraient fait place à l'autre système, la résistance moyenne de la virure de la flottaison est les 56 centièmes de cette même résistance dans la partie médiane. Ce chiffre est incontestablement trop fort pour mesurer la valeur de la protection des extrémités de l'*Inflexible*, du *Duilio*, des nouveaux cuirassés allemands : sur ces bâtiments, le pont immergé n'est pas, comme sur le *Dreadnought*, recouvert sur toute sa surface d'un matelas

---

[1] Voir à ce sujet la *Revue maritime* de juin 1876, p. 915.

de liége de 9 pieds d'épaisseur. Aussi avons-nous dû faire subir une forte réduction à la quotité 0,56, et nous avons pris 0,2 pour rapport de la protection des extrémités à celle du milieu dans les cuirassés dérivés de l'*Inflexible* [1].

Soit f la fraction de la longueur développée de la flottaison, qui est cuirassée directement, nous obtiendrons de la façon suivante la valeur de la protection moyenne de la flottaison des bâtiments à ceinture plus ou moins tronquée, lorsque la bande de liége sera prolongée d'un bout à l'autre dans la partie non cuirassée [1] :

$$\lambda_1^2 = E_1^2 \left[f + 0,2 \left(1 - f \right) \right] = E_1^2 \left(0,2 + 0,8 \, f \right).$$

63. L'importance de λ_1^2 n'est évidemment pas la même que celle de E_1^2. Ce serait beaucoup que de supposer l'effet d'un projectile pénétrant à une des extrémités égal, au point de vue de l'invasion de l'eau, à la moitié de l'effet du projectile qui donne, à sa suite, accès à la masse liquide dans une des grandes chambres de l'appareil moteur. Or, l'irruption de l'eau dans une de ces capacités amène par elle-même des conséquences aussi graves que la désorganisation de l'appareil moteur qu'elle entraîne. De là résulte que l'importance de E_1^2 est plus que quadruple de celle de λ_1^2 : nous avons admis qu'elle était cinq fois plus grande.

64. La considération de la résistance moyenne le long de la flottaison fait intervenir, implicitement au moins, la protection de la mèche, de la barre et de la manœuvre du gouvernail, que nous trouverions suffisamment appréciée dans ce qui précède, si elle l'était dans la même mesure par les deux expressions de λ_1^2 que nous venons de donner. Mais tandis que dans les bâtiments à ceinture cuirassée ces organes sont simplement abrités par la cuirasse, dans les navires à arrière décuirassé, au contraire, la protection dépend de la valeur défensive du pont cuirassé, c'est-à-dire qu'elle est, comme nous l'avons admis, aussi énergique que celle des parties vitales. Nous devons donc ajouter aux termes précédents un nouveau terme contenant g_1^2 pour les cuirassés à ceinture complète, ou E_1^2 pour les bâtiments décuirassés.

---

[1] Sur l'*Inflexible*, où la ceinture de liége est arrêtée à une distance des extrémités telle que la région défendue par du liége n'est pas sensiblement plus étendue que celle qui en est démunie, nous avons pris le coefficient, qui fait l'objet de cette discussion, égal seulement à 0,1.

— 105 —

Ce terme serait tout simplement $g_1{}^2$ si l'importance de cette protection était la même que celle des parties vitales. La catastrophe du *Re d'Italia* est là pour montrer que l'intégrité du gouvernail et de sa manœuvre présente à peu près autant d'intérêt que celle de l'appareil moteur. Mais ces organes occupent très-peu d'espace et il faut que l'ennemi soit favorisé par une adresse ou plutôt par un hasard exceptionnel pour qu'il puisse les atteindre. Aussi dirons-nous ici encore que le *danger mathématique* encouru par la mèche et par la barre du gouvernail est assez faible, égal peut-être à la moitié de celui qui menace l'étanchéité de la coque. Nous avons pris le cinquième de $\lambda_1{}^2$ qui sert à caractériser cette étanchéité, nous prendrons ici le dixième de $g_1{}^2$.

65. Enfin certains bâtiments consacrent un blindage spécial à la protection du commandant et de la roue de combat, qu'ils renferment dans un blockhaus cuirassé. Ces blockhaus, forcément placés dans une position dominante, constituent une cible pour l'ennemi et, dans bien des cas, un abri en tôle qu'il sera plus facile de dissimuler, évitera au commandant des projectiles qui eussent emporté sa tour cuirassée. Certaines personnes sont même d'avis que la tôle est inutile, et que tout ce qu'il faut désirer, c'est que le commandant soit hors de vue des tirailleurs ennemis.

Cependant, tant que l'opinion ne sera pas faite sur cette question, nous n'aurons pas le droit de nous prononcer, et nous devrons tenir compte de cette protection comme nous l'avons fait pour les autres. Nous traiterons ce blindage comme celui du gouvernail, en mesurant sa valeur au dixième du carré de son épaisseur A :

$$0,1\ A_1{}^2.$$

66. *Protection par les compartiments étanches.* — La sécurité qu'apporte à un navire la multiplication des compartiments étanches est d'autant plus grande que le volume moyen d'un compartiment est plus petit par rapport à une certaine fonction des dimensions du navire. Il semblerait à première vue que cette fonction dût être le volume des œuvres mortes. Mais les compartiments les plus importants, les chambres des chaudières et des machines qui ont leur plafond ouvert à l'air extérieur, n'auront bien souvent pas pu être isolés ; et dès que l'eau affluente dépasse le niveau d'une de ces ouvertures, le bâtiment est perdu. D'autre part, on ne peut prétendre ou que les sabords et hublots seront tous hermétiquement fermés au moment de l'accident, ou que

les œuvres mortes n'auront pas, avant l'accident, été percées par des boulets, brèches qui constitueront autant de voies d'eau pour le navire qui s'enfonce. Enfin, il suffit que le bâtiment plonge d'une certaine quantité, qui dépendra évidemment de ses dimensions linéaires, pour devenir innavigable et rester exposé sans défense à l'éperon de l'ennemi. Ces considérations nous conduisent donc à comparer la capacité des compartiments étanches à un certain volume compris entre la flottaison en charge et une flottaison-limite dont la distance à la première augmente avec la grandeur du navire, volume qui est d'une manière générale proportionnel au déplacement du navire.

Soit donc v le nombre des compartiments d'un cuirassé, dont Δ est le déplacement; le volume moyen des compartiments est $\frac{\Delta}{v}$ et le rapport de ce volume au déplacement est v.

Dans le nombre des compartiments étanches, nous négligerons ceux du double fond, car la double coque équivaut tout au plus à l'obstacle qu'oppose à l'irruption de l'eau l'épaisse muraille des navires en bois : lors d'une rencontre où un bâtiment en fer aurait embarqué autant d'eau que le *Northumberland* quand il fut abordé par l'*Hercules*[1], l'*Invincible* français n'éprouva pas d'avaries lorsqu'il fut choqué par le *Taureau*, qui se borna à laisser l'empreinte de son éperon dans la hanche de la frégate cuirassée.

Nous ne compterons donc que les compartiments intérieurs au vaigrage; parmi ceux-là, les capacités contenant l'appareil moteur ont un intérêt particulier qui nous a engagé à leur donner deux fois plus d'importance qu'aux autres et à les compter deux fois, ce qui constituera un avantage notable pour les navires dans lesquels une cloison diamétrale subdivise en deux ces compartiments. Si donc v est le nombre des compartiments intérieurs et v' celui des chambres de chauffe et des machines, la protection due aux compartiments étanches sera mesurée par la valeur de $v + v'$.

67. *Protection par les formes.* — M. le vice-amiral Bourgois insiste à plusieurs reprises sur le danger que fait courir l'éperon ennemi à un navire dont le gouvernail et l'hélice ne sont pas protégés par la forme

---

[1] Voir un croquis de l'avarie dans les *Lessons from Hotspur-Glatton experiments*, (*United Service Institution*, 1873, p. 297.)

de la poupe[1]. Pour protéger les organes délicats de l'arrière, il faut que la poupe forme au-dessus d'eux une voûte qui, avant tout, écarte suffisamment les flancs du navire ennemi glissant le long du bord. Mais la protection ne sera complétement satisfaisante que si l'éperon ennemi, arrivant normalement et sans vitesse sur l'arrière du navire qui se défend, est arrêté assez loin par la saillie de la voûte pour que son éperon ne puisse atteindre ni l'hélice ni le gouvernail.

Ces considérations nous conduisent à distinguer trois catégories de navires d'après la disposition de leur propulseur et de leur hélice par rapport à la flottaison arrière : 1° pour les uns, ces organes se projettent en dehors de la flottaison ; 2° pour d'autres, la flottaison est sensiblement l'enveloppe des projections ; 3° enfin, sur certains bâtiments la flottaison surplombe d'une quantité plus ou moins grande la projection des hélices et du gouvernail.

Les deux dernières catégories, correspondant à une disposition avantageuse, seront les seules à recevoir en conséquence une addition de puissance. Le terme qui la représentera dans la formule sera constitué par une puissance de 2 dont l'exposant sera la saillie moyenne u de la flottaison en dehors du propulseur et du gouvernail. Pour les bâtiments de la seconde catégorie, l'exposant sera o et le terme se réduira à 1. Pour une saillie d'un mètre on aura 2, pour une saillie de deux mètres, 4, etc.

Afin de coordonner ce qui précède et de rendre plus claire la façon dont les différentes relations que nous avons essayé d'établir, concourent à constituer la puissance militaire P du navire de guerre, nous avons disposé le résultat de l'examen auquel nous nous sommes livré dans le tableau ci-joint. Pour que la formule soit applicable, il sera nécessaire de fixer l'importance relative de chacun des termes que nous avons déterminés, indépendamment les uns des autres. Cette évaluation fera l'objet de quelques pages d'un prochain article.

---

[1] *Manœuvres des combats sur mer.* (*Revue maritime*, mai 1876, p. 357, 372 et 392.)

— 108 —

Résumé synoptique de l'expression de

$$P = Z(M + O + D)$$

Z. ZONE D'ACTION
- Cuirassés : $\sqrt{16-T}$, $\sqrt{Q+H}$
- Croiseurs : $\sqrt{16-T}$, $\sqrt{Q+H}$
- Torpilleurs : $\sqrt{Q+H}$

M. MOBILITÉ $= \Pi + G$
- Π, propulsion $= \mu + \delta + W$ . . . .
- G, giration $= \dfrac{1}{\beta^2}$ . . . .

O. PUISSANCE OFFENSIVE $= \varepsilon + \vartheta + \alpha$
- ε, éperon $= U \xi \sqrt[3]{\Delta}$ . . . .
- ϑ, torpilles $= \Sigma (\tau + N\psi)$ . . . .
- α, artillerie $= \Sigma N\psi \sqrt{h} \sqrt{\Theta} \sqrt{\varrho - a}$ . . . .

D. PUISSANCE DÉFENSIVE $= \beta + \gamma + \zeta$
- β, blindage.
  - $\wp a$ de l'artillerie $= \Sigma\, n \sqrt[3]{\dfrac{u}{n}\left(m^2 + \dfrac{1}{2}p^2 + \dfrac{1}{4}c^2\right)}$ . . .
  - $\wp\beta = E_1^2 = \dfrac{5}{6}(R + Gr)$ . . . .
    des parties vitales. | résistance maximum effective. | $r = \begin{cases} \text{tôles superp. } e^2 + 3 \\ \text{avec matelas } (e + 0,12) \end{cases}$ | résistance maximum horizontale.
  - $\wp$ de la flottaison $\quad \dfrac{3}{4}h_1^2$ . . . . . .
  - $\wp g$ de la mèche du gouvernail $\quad 0,1\, g_1^2$ . . . .
  - $\wp A$ du commandement $\quad \leqslant 0,1\, A^2$ . . . .
- γ, compartiments étanches $\quad v + \dfrac{1}{s}v'$ . .
- ζ, protection due aux formes $\quad 2^u$ . . . .

— 109 —

...ssance du navire de guerre : $P = Z(M + O + D)$.

..., tirant d'eau arrière (en mètres).

navigabilité, sécurité, habitabilité, } cotées de 0 à 10.

marche à la vapeur $= V_1^3$
$V_t = qV$
$V = V' \sqrt{\dfrac{B'^2}{B^2}}$

distance franchissable $= \dfrac{1}{100} \dfrac{CV_1^3}{kF}$ . . . .

marche à la voile $= \dfrac{S^{\frac{3}{2}}}{B^{\frac{3}{2}}}$ . . . .

coefficient d'agilité $= \dfrac{3}{I^2} + \dfrac{11 + 10^5}{\Omega^4}$ . . . . .

cote appréciative de la valeur du système.

mesure de la puissance de l'engin
- Torpilles : $\dfrac{1}{5} v \sqrt{\pi}$ . . . . .
- Boulets : $\dfrac{2}{5}$
- Obus : $\dfrac{1}{2}(3,82 \tau + 0,55 \Phi)$

nombre effectif s engins.
- Torpilles : $\dfrac{\omega}{300} + \dfrac{n}{2} + \sqrt{n_c} + \sqrt{n_b} + \dfrac{2}{3}\sqrt{n_r}$
- Cuirassés : $\dfrac{\omega A'}{200} + \dfrac{\omega A}{300} + n + n_c + n_b + \dfrac{n_r}{2}$
- Croiseurs : $\dfrac{\omega}{200} + n + n_c + n_b + n_r$

τ_1, importance de la hauteur de batterie.

$\theta \sqrt{\zeta - a}$, fixité de plate-forme.

$z^2 = \tfrac{1}{4} y \left(b^2 + \overline{bt + 2}^2 + a^2 + \overline{at + 2}^2 \right)$

batteries $= \tfrac{1}{2}(m^2 + c^2)$
tourelles mobiles $= \tfrac{1}{3}(2m^2 + c^2)$
tourelles barbettes $= m^2$

$z^2 = \tfrac{1}{2} x \left(d^2 + \overline{at + 2}^2 \right)$

$R = \dfrac{1}{0,85} R''$ $J_1 = 0,60 + l \dfrac{0,095}{\sqrt{\theta} \sqrt{\zeta - a}}$

stance ...imum ...icale. $R'' = \dfrac{z + 3J}{3,6 J^1} R'$

résistance moyenne effective. $R' = \dfrac{E^2 + E'^2}{2E^2} R_m$

résistance moyenne vitale.   résistance moyenne au maître.

résistance moyenne à la flottaison
- ceinture complète : $\tfrac{4}{15}(2E_1^2 + e_1^2 + g_1^2)$
- citadelle centrale : $E_1^2(0,2 + 0,8f)$

, épaisseur effective devant le gouvernail $= g \dfrac{E^1}{E_1}$

· ·
· ·
· ·

V_1, vitesse maximum effective (4 mois après la sortie du bassin.)
V, vitesse maximum au tirant d'eau t.
V'_1, vitesse maximum aux derniers essais.
q, coefficient de résistance de surface. { Navire doublé en {cuivre. 1,00 / zinc. . 0,98 / Navire en fer. . . 0,96
t, tirant d'eau actuel.
t', id. aux derniers essais.
C, approvisionnement de charbon (en tonneaux).
k, consommation de charbon par heure et par cheval
F, puissance indiquée à toute vitesse.
S, surface de voilure.
B^2, surface immergée du maître-couple actuelle.
B'^2, id. aux essais.
I, diamètre d'une évolution (en mètres).
Ω, durée d'une évolution (en secondes).
Δ, déplacement.
ζ, coefficient relatif à la forme d'éperon.
π, poids de la charge explosive.
v, vitesse réelle ou fictive de la torpille.
Φ, force vive des pièces à la bouche (en tonneaux-mètres).
τ, force vive des pièces par centimètre de circonférence.
ω, champ de tir total de chaque calibre en degrés.
n, nombre total des pièces de chaque espèce.
n_c, nombre de pièces tirant en chasse.
n_b, — tirant en belle.
n_r, — tirant en retraite.
h, hauteur de batterie (seuillet).
θ_1, période d'oscillation en eau calme.
$\zeta - a$, hauteur métacentrique.
x_1, coefficients de réduction { pour le canon.
y_1, { pour les mécanismes.
b, manœuvre méca- {en abord.
bt, nique {cloison transversale A'.
a, au-dessous des seuillets / en abord.
d, devant les canons
at, entre-pont des canons : cloison transversale A'.
E, relevée au maître-couple. (Flottaison.)
E_1, effective maximum devant les parties vitales.
e, pont : total du fer.
i, épaisseur en centimètres du matelas sur le blindage du pont.
J, immersion du can inférieur de la cuirasse.
σ, hauteur du can inférieur au-dessus de l'eau.
l, largeur du bâtiment.
f, fraction cuirassée de la flottaison.
r_1, relevée à 4 ou 5 mètres en arrière de la perpendiculaire A'.
g, relevée à 4 ou 5 mètres en avant de la perpendiculaire At.
A, protégeant le commandant.
η, nombre des compartiments étanches (non compris le double fond).
η', nombre des compartiments étanches contenant le moteur.
ρ, saillie en mètres de la flottaison en dehors du propulseur et du gouvernail.

APPENDICE

TIR NÉGATIF CONTRE UN BUT IMMERGÉ. (Expériences de Whitworth.)

TIRS DES 12 ET 13 OCTOBRE 1864.

Cible en chêne de 2ᵐ,75 sur 2ᵐ,75 et 0ᵐ,15 d'épaisseur.
Canon Whitworth de 12 livres.
Projectile pesant 5ᵏ,55, en fonte, à tête plate ; charge, 0ᵏ,535.

DATES.	Numéros des coups.	DISTANCE du canon à la cible.	HAUTEUR de l'axe au-dessus de l'eau.	ANGLE négatif de tir.	DISTANCE du point de chute à la cible.	PROFONDEUR à laquelle la cible a été frappée.	EFFET PRODUIT.
Octob. 12	1	27,43	3,20	10°	9,10	1,06	Empreinte de 13ᵐ/ₘ de profondeur.
»	2	Id.	Id.	8°	4,50	0,15	Le boulet traverse.
»	3	41,15	Id.	5°30'	2,75	0,20	Id.
»	4	Id.	Id.	Id.	Id.	0,15	Id.
Octob. 13	5	82,30	3,80	2°30'	3,60	»	Le boulet ricoche et frappe la cible à 8⁷/ₘ au-dessus de l'eau.
»	6	Id.	Id.	3°15'	7,30	»	Le boulet ricoche.
»	7	Id.	Id.	3°14'	Id.	»	Id.
»	8	Id.	Id.	4°	11	»	Id.
»	9	30,18	Id.	5°	2,75	0,15	Le boulet traverse et tombe à 15,30 au delà de la cible.
»	10	Id.	Id.	6°	3,60	0,30	Le boulet traverse et tombe à 7,30 au delà de la cible.

TIRS DE LA CANONNIÈRE *Stork* SUR LA FRÉGATE EN BOIS L'*Alfred*.

Distance variant de 18 à 23 mètres.
L'*Alfred* était enfoncé de manière que son gaillard fut presque au niveau de l'eau, l'intérieur était plein d'eau.
Épaisseur de la muraille 55 et 60 ᶜ/ₘ de chêne.
Le canon était pointé à environ 0ᵐ,60 au-dessous de la flottaison de l'*Alfred*.
Poids du projectile. 31ᵏ,70
Longueur du projectile. 0ᵏ,35
Diamètre à la tête. 0ᵏ,145

NUMÉROS des coups.	MURAILLE DU BATIMENT.			EFFET PRODUIT.
	Distance du point de chute à la muraille.	Profondeur au-dessous de l'eau.	Épaisseurs.	
1	Environ 9°	1,15	0,60	Le projectile traverse.
2	De 7 à 9.	0,75	0,55	Id.
3	Id.	0,60	0,50	Id.
4	Id.	0,50	0,45	Id.
5	Id.	0,40	0,95	Le projectile frappe sur une courbe. À 30ᶜ/ₘ de la muraille extérieure, la résistance qu'il éprouve le fait remonter.
6	De 9 à 11.	0,75	0,55	Le projectile traverse.
7	De 7 à 9.	0,60	0,55	Id.

Après le tir on retrouva sur le pont de la batterie quatre projectiles dont un à l'arrière, à des distances de la paroi intérieure variant de 9 à 11 mètres. Ils étaient évidemment tombés sans vitesse ; on ne trouva nulle part des traces d'avaries à l'intérieur.

— 111 —

Les modifications contenues dans les notes de cette dernière partie nous ont conduit à reproduire le tableau récapitulatif de la formule en le corrigeant.

Nous le faisons suivre d'une liste, rectifiée aussi, des valeurs qui ont été déterminées pour les différents coefficients dans le courant de cette étude.

ÉPERON. — Coefficient d'efficacité.

Étraves droites. 10
Éperons des bâtiments anglais et du type *Tonnerre*. 13
Éperons du type *Marengo* 14
Éperons du type *Redoutable* 15

N. B. — Suivant que l'éperon sera ou non constitué par la cuirasse, ces chiffres pourront varier d'une demi-unité.

TORPILLES. — Valeur des différents systèmes.

DÉSIGNATION et cote appréciative du système τ	VITESSE RÉELLE ou fictive de l'engin v	CHARGE de substance explosive π	VALEURS SPÉCIALE DE L'ENGIN $\frac{1}{5}v$	$\sqrt{\pi}$	$\frac{v}{\frac{1}{5}\pi}$	CHAMP DE TIR TOTAL ω	au champ de tir 300	au nombre d'engins	COEFFICIENT RELATIF AU TIR SN chasse $\sqrt{\pi_c}$	belle $\sqrt{\pi_b}$	retraite $\sqrt{\pi_r}$ au $\frac{1}{3}$	NOMBRE EFFECTIF D'ENGINS N	$N\psi$	PUISSANCE du navire en torpilles $\tau + N\psi$
Whitehead (30) France	24 à 26	18	5.0	4.24	21.24	180	0.6	1.5	1.0	1.0	»	»	4.1	87.16	117
Duilio						»	»	1.0	1.41	»	»	2.41	51.30	81
En général														92.5	123
Angleterre	26 à 28		5.4		22.94	»	»	2	1.41	»	0.94	4.35	99.84	130
Glatton	18 à 20	21	3.8	4.58	17.4									75.86	96
Shah	9 à 10		1.9		8.7									37.82	68
Divergentes A aiguille (25) . . .	»	42	2.0	6.48	12.96	»	»	1	»	1.41	»	2.41	31.20	56
Harvey (15) . . .	»	31.1	2.0	5.85	11.70									28.20	43
Portées Canots a vapeur Français (15) . . .	»	10.1	2.0	3.23	6.46	»	»	1	1.0	?	?	2.11	15.6	30

Puissance des canons tirant des obus à fusée.

NATIONALITÉ	DÉSIGNATION	POIDS en tonneaux. du canon.	POIDS en tonneaux. du projectile p.	VITESSE initiale (mètres.) V.	FORCE vive totale $\frac{pV_c^2}{2g}$	CALIBRE en centimètres.	FORCE vive par centimètre de circonférence q	$0{,}55\,q$	$3{,}82\,q$	$\frac{1}{2}(0{,}55\,q + 3{,}82\,q)$
France	19 c/m fonte	8,0	0,075	448	767	19	12,8	42,2	48,8	45,5
	16 c/m fonte	5,1	0,045	477	523	16,5	10,1	28,8	38,6	33,7
	14 c/m	2,7	0,021	455	222	13,9	5,1	12,21	18,47	15,84
	12 c/m bronze	0,6	0,0115	238	48,6	12	1,3	2,67	4,965	3,817
	10 c/m acier	1,2	0,012	485	144	10	4,6	7,92	17,58	12,75
Angleterre	9 pouces	12,2	0,113	433	1083	22,9	15,1	59,5	57,7	58,6
	7 pouces	6,6	0,052	465	576	17,8	10,3	31,65	39,34	35,19
		4,6								
	64 ponnder	3,25	0,029	381,6	215	16	4,3	12,75	16,45	14,6
Allemagne	21 c/m	9,75	0,095	441	860	20,9	13,1	47,3	50,042	48,67
	17 c/m	6,0	0,054	475	550	17,3	10,2	30,25	39,00	31,62
	15 c/m	4,0	0,035	475	380	14,9	8,1	43,9	30,94	25,92
	12 c/m	1,37	0,0175	406	147	12	3,9	8,085	14,898	11,49
Russie	8 pouces	9,0	0,080	422	724	20,3	11,4	39,82	43,55	41,7
	6 pouces	4,3	0,037	407	312	15,2	6,5	17,16	24,81	21,0
	4 livres	0,4	0,006	308	28	7,1	1,3	1,540	4,96	3,25

Protection de l'artillerie.

Valeur du coefficient x. (Protection du canon.)

Tourelles mobiles 0,9

Batteries { Champ de tir d'environ 30° 0,8
{ Id. de 60° à 70° 0,7
{ Id. de 90° à 110° 0,6

Tours barbettes { Affûts à éclipse 0,4
{ Système ordinaire 0,0

Valeur du coefficient y. (Protection des mécanismes.)

Tourelles mobiles 1,0
Batteries . . . . } 0,9
Tours barbettes avec { affût à éclipse . . . . }
{ chargement abrité 0,8
Tours barbettes (système ordinaire) 0,75
Ceinture barbette (système du *Furieux*) 0,7
Enceinte barbette (système du *Sachsen*) 0,65

Valeur des coefficients x et y pour les bâtiments à redoute ouverte à la gorge.

$x = z \times 0{,}6 \qquad y = z \times 0{,}9$

Shannon 0,45   0,65
Nelson { Redoute N 0,50   0,75
{ Id. B 0,35   0,45

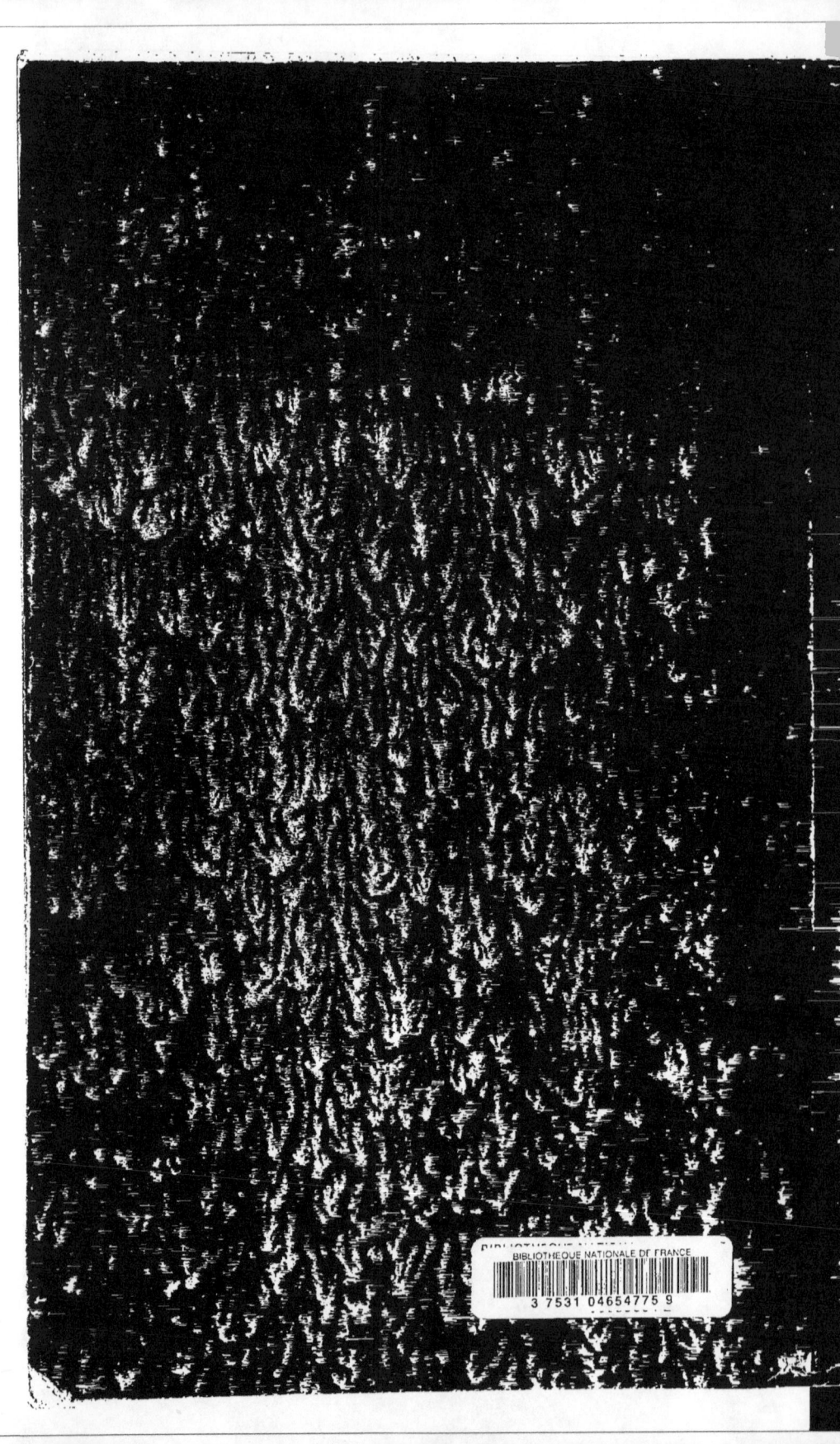

www.ingramcontent.com/pod-product-compliance
Lightning Source LLC
Chambersburg PA
CBHW070520100426
42743CB00010B/1890